Seadove

Seadove

財　富　教　育　的　第　一　本　書

——《心靈雞湯》作者 馬克·漢

如果，
你幾乎做對了所有的事，
卻沒有錢

失落的致富經典

The Science of Getting Ri

Wallace D.Wattles
華萊士·沃特斯
陳一維

給那些
終日在薪水與帳單中打轉的人

三大財富書
★之首★
亞馬遜網路書店
暢銷經典

我看見一個至大的秘密——生命的秘密。從女兒海莉給我的一本《失落的致富經典》中，我發現它。我問自己：「爲什麼不是每個人都知道?」心中充滿與世人分享的強烈渴望……

——《秘密》作者 朗達·拜恩

《秘密》作者 朗達·拜恩／汽車大王 亨利·福特／勵志大師 拿破崙·希爾／財商教育專家 羅伯特·清崎／行銷專家 奧格·曼迪諾／推 必

獻詞

獻給那些終日在薪水與帳單中打轉的人。

世界上沒有窮人，只有找不到致富路徑的人！

世界級暢銷書《秘密》的靈感泉源，《秘密》背後的「終極秘密」

美國專業勵志培訓界秘而不宣的致富經典

改變千萬人命運的大腦潛能訓練讀本

影響世界著名財富勵志大師拿破崙・希爾、奧格・曼迪諾、羅伯特・清崎

包括亨利・福特、比爾・蓋茲在內的幾代美國人受益終生

《失落的致富經典》與《思考致富》、《世界上最偉大的推銷員》並稱世界三大財富著作

我看見一個至大的秘密——生命的秘密。從女兒海莉給我的一本百年古書《失落

的致富經典》中，我發現它。我問自己：「為什麼不是每個人都知道？」心中充滿與世人分享的強烈渴望……

——《秘密》作者 朗達・拜恩

談到財富，不能不提到華萊士・沃特斯。

——《思考致富》作者、知名勵志大師 拿破崙・希爾

財富教育的第一本勵志書。

——《心靈雞湯》作者 馬克・漢森

如果你有幸讀過《失落的致富經典》，卻沒有被洗腦，也沒有成為富人，那真是一件人生的憾事。

——福特汽車公司創辦人 亨利・福特

這本書只需要一天就可以讀完，但是需要你用一生的時間去體會。仔細研讀它，

我保證你會成功。

——《天生富豪》作者 羅伯特・布魯克特

華萊士・沃特斯經典語錄

生命的意義就是自我發展。因此，所有生命都擁有一種不可剝奪的權利，那就是：實現自身最大可能的發展。

致富不是在於你是否可以做一些別人無法做的事情，致富是按照正確的方式做事的結果。

疾病纏身的時候，思考健康；身處貧窮的時候，思考財富。要達到這樣的境界是需要力量的。但是，擁有這種力量的人才是自己的主人，他可以掌握自己的命運，並且會得到自己想要的一切。

極度的無私和極度的自私都會造成生命的缺失，前者並不比後者更為美好高尚。

放任自己的思想關注陰暗的事情，你自己也會變得陰暗。而且，陰暗的事情將會越來越多地圍繞在你身邊。相反地，把自己的注意力全部集中在光明的事情上，光明的事情就會包圍你，你也會變成積極向上的人。

所有的美好願望只為相信它們的人而存在，亦只存在於堅信其將會實現的心靈中。

你的進步只會來自於你對自己的超越，超越的前提正是把自己的能力發揮到極致。

在任何行業裡，你都有取得成功的潛能，因為你可以培養和發展任何工作所需要的基本才華。

在做每件事情的時候，都要傳遞給別人你在不斷進步的印象。這樣一來，所有與你交往的人都可以感覺到你是一個不斷進取的人，也是一個可以推動他們不斷進步的人。

一個人獲得財富的多少，將與他願望的清晰程度、決心的堅定程度、信念的穩定程度、感激的深入程度，完全成正比。

對人們的最大考驗，是在他最幸運的時刻。

人們的最大幸福在於，他可以給自己所愛的一切提供助益。

受薪階層，無論作為個人還是群體，都沒有被剝奪致富的機會。他們之所以貧窮，不是因為雇主的剝削，也不是因為企業和富豪的壓制，這些都不可能真正阻止他們。他們無法致富的根本原因在於：他們沒有以正確的方式做事。

財富不會自然而然地在宇宙中出現並且來到你的眼前，財富要依靠創造來實現。

夢想的世界只是現實的前奏，你的全部決心正是要把夢想變成現實。

我們不僅要以正確的方式思考，還要以正確的方式行動。思想和行動必須有系統地結合在一起。只有把你已經熟知的理念和方法付諸實踐，才可以最終實現創造財富的目的。

不要苛求十全十美的機會。如果眼前出現一個機會，它可以改善你的處境，並且對你有充分的吸引力，就要抓住它，邁出第一步。請相信，只要邁出第一步，你將會發現，更大的機會已經逐步展現在你的面前。

接手一項新工作的時候，不要猶豫和退縮，不要擔心自己能力不足而無法勝任。堅持奮鬥下去，你踏上一個台階的時候，相應的才識就會把你武裝起來。

心存感激的人經常把注意力鎖定在最美好的事物上，這樣一來，就會逐漸變成最成功和最優秀的人。沒有感激之情，你就會沒有力量，因為把你與力量聯繫在一起的，正是感激之情。

譯者序：獲取財富與成功的思維法則

華萊士・沃特斯，美國偉大的成功學作家先驅、美國「新思想運動」創始人之一。從青年時代開始，華萊士・沃特斯就開始研究哲學和宗教信仰，他廣泛涉獵笛卡兒（Descartes）、史賓諾沙（Spinoza）、萊布尼茲（Leibniz）、叔本華（Schopenhauer）、黑格爾（Hegel）、史威登堡（Swedenborg）、愛默生（Emerson）等人的思想，並且由此發現可以應用於個人的獲取財富、幸福、成功的力量。

華萊士・沃特斯將自己的研究發現整理成書，這就是《失落的致富經典》，書中他用激昂而充滿智慧和力量的文字，分享追求幸福與成功的秘密，並且徹底改變人們的思想和生活。一百年來誕生的具有影響力的成功學大師，例如：戴爾・卡內基、拿破崙・希爾、奧格・曼迪諾、安東尼・羅賓都深受本書的影響，包括亨利・福特、比爾・蓋茲等幾代美國企業家也深受華萊士「致富法則」的啟發和影響。

近年來，朗達・拜恩和她的《秘密》又使華萊士・沃特斯的致富智慧重新引起世人的注意。朗達・拜恩是澳洲脫口秀電視節目製作人，當時她處在人生的低谷中，生活和事業一團糟。改變的契機卻在這個時候出現了！她的女兒拿一本華萊士・沃特斯的《失落的致富經典》，給迷惑困頓中的母親看。

朗達・拜恩意外地在這本百年歷史古籍中發現改變人生的「秘密」：人們可以透過改變自己的思維和心態，最終改變自己的財富與生活。她將自己的體會寫到書中，與世人共同分享。最終，《秘密》一書被翻譯成四十多種語言，在全球總銷量達到一千九百多萬冊。

現在，我們重新研讀《失落的致富經典》的時候，就會發現這些致富智慧仍然可以給我們深刻的啟發：

關於金錢。對於金錢，人們的態度往往是矛盾的，很多人一方面希望成為有錢人，另一方面又羞於承認，甚至表現出對金錢的「鄙視」。實際上，富有並不可恥，以合法手段賺取金錢為自己和家人提供有品質的生活更是一件幸福的事情。因此，我們要肯定金錢的價值，應該明白每個人都可以富有以及每個人都應該富有的道理：我們要建立正確的財富思維，在自己擅長的領域磨練技能，讓自己擁有富足的生活。

關於建立信念。關於信念的力量，我們怎麼強調也不會過分。按照沃特斯的理論，宇宙是一個巨大的能量體，每個人都是信念的創造者。根據吸引力法則，我們希望自己擁有什麼樣的生活、希望自己成為什麼樣的人，就應該建立堅定的信念，然後向宇宙索取能量。你的信念和思維被反覆表達以後，最終就會在現實世界中實現，關於這一點可能很多人都深有體會。這裡要說的是，如果你渴望富足的生活，就不要把貧窮二字掛在嘴邊；如果你渴望獲得成功，就不要抱怨現在的生活，不要貶低自己的價值。

關於行動接收。無論你現在懷抱什麼樣的夢想，擁有什麼樣的目標，當然要行動，而且要高效率的行動，只有行動才會讓你的夢想化為現實。

陽光下沒有新鮮事，時代在變，深層的致富規律卻是永恆不變的。在《失落的致富經典》中，華萊士・沃特斯用一生的研究所集結的精華，完全適用於今天，適用於每個普通人，這本書教會我們的致富思考模式和積極行動力以及信念的建立和接收，將會讓我們受益終生。

作者序：以「特定的方式」走向富足

本書既不是要單純地為人們講述一種哲學觀點，也不是要生硬地灌輸給人們一種理論，我們注重的是實戰性：**如何讓年輕人擁有自己的事業，如何讓自己變得富足。**

如果你想要先讓自己快速富有，然後再研究那些高深的致富理論，這本書就是為你寫的；如果你渴望快速富有卻苦於沒有時間，也找不到適合的方法或機會去研究致富的理論，這本書同樣也適合你。

如果你選擇讀這本書，我希望你貫徹書中的理念，如果你還可以在這個基礎上付諸實踐，我敢保證，你的財富夢想將會成為現實。我之所以會如此肯定，是因為書中所說的致富理念都是嚴謹而精密的科學，所以失敗的可能性幾乎為零。但是，可能有些人對書中提出的論斷存有疑慮，為了讓這些讀者堅定信心，以下我就來為大家簡要介紹書中所提出觀點的理論依據：

宇宙一元論，也就是「一即萬物，萬物歸一」。換句話說，就是一種元素創造宇宙萬物，萬物都是同一種元素的不同表現形式。這種哲學思想源自於印度教，它對西方思想界造成長達二百年的影響，同時也成為東方哲學的思想來源。我們所熟知的哲學家，例如：笛卡兒、史賓諾沙、萊布尼茲、黑格爾、愛默生，無不以此作為自己思想的理論基礎。

如果你有興趣深入研究上述哲學思想，閱讀黑格爾和愛默生的著作都是不錯的選擇。

為了可以讓更多人很好地理解這本書，我所使用的都是最簡潔易懂的文字。書中所提出的原則方法都源自於上述哲學思想，同時經過實踐檢驗，被證明是絕對可行的。如果你的目的只是瞭解這些原則方法的由來，可以閱讀我在之前說過的這些哲學巨匠的著作。

但是，如果你的目的是想要收穫可觀的財富，就仔細地閱讀你面前的這本書，並且按照它的指導付諸實踐吧，你一定可以因此收穫自己想要得到的一切！

目錄

第一章

成功是一種觀念，致富是一種義務

- 我們生活的主要目的，是實現身體、心智、靈魂的和諧發展。
- 生活富足是保障自我發展的先決條件。
- 只有生活富足，人們才可以生活得更有尊嚴。
- 渴望財富，其實是人類對於美好生活的一種嚮往。

每個人都應該成為有錢人

在生活中，我們總會看到一種人——即使日子過得窘迫困頓，也不願意努力去賺錢。他們總是嫉妒地說有錢人是「暴發戶，實在俗不可耐」，或是說有錢人「渾身上下都是銅臭味」，每天跟錢過不去，好像「貧窮即正義」一樣。他們總是自命清高，經濟上已經捉襟見肘，還說自己崇尚的是簡單生活，絕對不會為錢低下高貴的頭。

但是事實上，這種人無論如何貶低別人抬高自己，在心裡都必須承認一個事實：**在現代社會，一個人沒有富足的生活，就沒有幸福和快樂可言。**

道理很簡單：人們活著，就要穿衣和吃飯，要培養心智，更進一步，我們還要旅行、娛樂、享受生活、滋養靈魂，無論做其中的哪件事情都需要消費一定的物質資源，而在商品經濟時代，這些消費必須依靠大量的金錢才可以實現。

作為萬物之靈的人類，除了要滿足最基本的吃穿用度之外，更重要的是要追求生命的真諦和自我價值的實現。人們經常以能否實現自我價值的最大化作為評斷成功的標準，每個人都渴望實現自己的最大價值，希望成為理想中的自己，這是一種人類生來就有的衝動。以其本質來說，實現自我價值是每個人的基本權利，神聖不可侵犯。這就表示我們有權利自由充分地享用我們所需要的資源，並且合理利用這些資源充實自己，強健體魄、健全心智、愉悅靈魂。以這一點來說，致富和實現自我權利是一回事，富足的生活是每個人的本能需求。如果我們要實現自我價值，尊重生命，希望過著身心愉悅而有尊嚴的生活，我們就應該尊重健康的財富，尋找正確的致富途徑。

在這本書中，我們所確立的用以衡量一個人是否富足的標準不是他佔有的金錢數量的多少。單純追求佔有大量的金錢和社會資源，只是一種動物性的生理需求，不會讓人感到真正的快樂以及體會生活的美好。反之，卻只會浪費原本為數不多的社會資源，甚至還會滋生邪惡與犯罪。假如每個人都把追求物質滿足和感官享受當成自己的生活目標，社會不僅無法取得發展，甚至還有可能發生倒退。由此可見，單純追求物質上的滿足對人們來說沒有任何好處。

什麼樣的生活才算是富足的生活？怎樣才算是真正的富有？

其實，沒有一個明確的標準。**事實上，真正的富有只是一種狀態，一種可以讓人們身心健康和心靈愉悅的狀態**。更重要的一點是，他們不會因為已經擁有的財富而感到滿足。在他們看來，滿足於現狀而不思進取是可恥的。他們認為：只有不滿足，生命才會有前進的動力，才會不斷地發展壯大，才會創造出更多的價值，使個人和群體以及社會呈現出更具有活力和生命力的欣欣向榮的狀態。這樣符合人類的本性，也符合大自然的法則。

但是在此我必須說明一點：「不滿足」不表示貪婪，也絕對不是讓個人欲望無限膨脹。它只是一種積極進取的心態，一種對美好生活的嚮往和追求，一種對生命的尊重與張揚的情感釋放。

生活富足，人類才有尊嚴

在現實生活中，我們生活的主要目的是要滿足三個方面的和諧發展，那就是：強健的體魄、健全的心智、愉悅的靈魂。這三者密不可分：如果我們只是單純追求靈魂的安寧，不重視心智和身體的發展，就等於是在建造空中樓閣——而且就算我們這麼做，別人也不會因此認為我們很高尚；如果我們只重視心智的發展，不重視身體或靈魂的滋養，同樣也會遭人摒棄；如果我們只追求感官的舒適，不重視心智和靈魂的發展，更會讓人唾棄——在這一點上，人們已經達成共識。所以我們說，唯有身體、心智、靈魂都得到滿足，並且實現和諧發展，才會讓我們獲得真正的快樂和滿足，只有這樣的生活才是真正美好的生活。

這樣說可能會有些殘酷，但是假如我們在食不果腹、衣不蔽體、居無定所的條件下過度勞動，我們就不能保證自己的身體得到充分的發展；假如我們沒有適當的休息和娛樂，我們就無法讓自己保持生命的最佳狀態。

假如沒有書籍供我們儲備知識，沒有機會出去旅行增長見聞，沒有睿智之友與我們探討交流，我們的心智就無法得到全面的發展。只有讓充滿智慧的創意和充滿鑑賞價值的藝術等美好的東西陪伴在我們身邊，才可以使我們的心智更健全。

此外，想要獲得靈魂上的愉悅，我們必須心中有愛。這裡的「愛」，不僅包括對愛的表達，還包括愛人的能力，貧窮正好會成為這兩個方面的最大阻礙。不妨想像一下，我們所愛的人貧病交加而需要我們施以援手的時候，我們卻只能眼睜睜地看著他們慘遭厄運而無能為力，此時你對他們的愛到底表現在哪裡？愛是一種能力，是一種只有心智健全和心態平和的人才可以擁有並且施加於人的能力。如果我們每天都在生活的重壓之下，為了生存而奔波勞碌，我們如何有多餘的精力去關心和照顧我們所愛的人，為愛人提供有情趣的生活？

可以為自己所愛的人提供幫助，可以在愛人、親人、朋友遇到挫折和困難的時候施以援手，我相信對一個人來說，這就是最大的幸福。**給予是愛最真摯的表達，這種給予包含物質與精神的雙重含義。**只有在你具有付出和給予的能力以後，才有資格稱自己已經為人夫（妻）、為人父（母），甚至是為人。

以上的論述告訴我們：**唯有以富足的經濟和充足的物質資源作為基礎，我們才可以擁有強健的體魄、健全的心智、愉悅的靈魂。**

所以，獲得財富對我們來說，就是最重要的開始。

渴望財富是每個人的基本權利，渴望財富其實質就是渴望美好生活，這是正當的，也是值得讚揚的。

凡是正常的人都會渴望過著富足的生活，也會渴望擁有足夠的金錢用以保障富足的生活。

作為一個健全的人，讓我們一起對致富充滿渴望吧，這樣不可恥而是積極向上的，我們不能抑制這種渴望，而是應該隨時關注致富之道，對我們來說，這更是重要。

我們必須重視對財富這門學問的研究，因為它是所有學問中最應該掌握的，也是最高尚的。忽視它，就等於忽視我們自己，放棄自己對其他人和社會的責任。如此一來，社會也會遺棄我們。

讓自己變得更出類拔萃，這就是我們為其他人和社會做出的最大奉獻。

— 第二章 —

不依靠運氣的致富方法論

- 致富不能依靠運氣和投機，要依靠邏輯和規律。
- 致富之道是一門每個人都可以掌握的學問。
- 致富有特定的思考行為方式。

致富其實不需要天分

財富，這兩個字讓無數人心生嚮往而熱血沸騰，可是作為普通人的你我，真的可以幸運地被財富之神眷顧嗎？

答案是肯定的。**因為致富不是依靠運氣，也不是投機，更不是上帝的青睞，它是一門任何人都可以掌握的學問**。是的，致富確實是一門非常精確的、每個人都可以學會的學問。事實上，我必須告訴你們，這門學問與我們學習過的數學和物理一樣，也有內在的特定規律和法則。如果我們可以掌握這些規律和法則，瞭解其中所蘊含的「特定的方式」（the certain way）的意義，並且以這種「特定的方式」行事，擁有財富對我們來說就不再只是夢想，請牢牢記住這一點。

在這裡我要說：不管是誰，不管是有意還是無意，只要可以按照「特定的方式」做事，最終都可以變得富有。反之，如果一個人不以這種「特定的方式」做事，不管其能力如何出眾，也不管其如何辛苦付出，最終依然無法擺脫貧窮，這就是我們經常說的「有因必有果」。

接下來，我要從以下幾個方面進行分析，以便大家可以對「特定的方式」在致富這門學問中的重要性這個問題有更深入的瞭解。

能否致富無關環境好壞。生活中，很多人都認為環境會限制財富創造。如果事實真的如此，生活在同一特定區域中的人們就應該都是富人或是窮人。也就是說，大到整個國家，小到一個地區，人們的富裕或是貧窮程度應該是一樣的。

可是事實顯然並非如此，我們經常會看到：兩個人即使身處同一環境、從事同一行業，其貧富程度仍然有天壤之別。這就是在告訴我們，環境無法對能否致富產生決定作用。當然，適宜的環境對人們的致富會有很大的幫助，這一點我們也不否認。我們只是要強調，對致富可以產生真正決定作用的仍然是按照致富規律行事，以「特定的方式」做事。

能否致富無關個人天賦。也許有人會認為，富豪都是頭腦精明有獨特天賦之輩，因為致富法則不是每個人都可以掌握的，可以理解和運用它達到致富目的只限於那些天賦極高的少數人。

其實，這種擔心根本就是多餘的：想要掌握並且運用這個財富法則不需要超凡的天賦，只要擁有平凡如你我的普通智力就可以做到。這也正好解釋為什麼我們在實際生活中所看到的，富人群體中有各式各樣的人，有些天資過人有些愚笨遲鈍，有些學富五車有些胸無點墨，有些身強體健有些羸弱不堪。在現實生活中，有很多天賦驚人的人卻一貧如洗，也有很多毫無天賦的人卻富足安逸。此外，透過對富人進行研究我們也發現：富人並不比普通人更有天分和能力，他們無論在哪個方面都與普通人相差無幾，甚至有些方面還會略顯不足。但是他們有一個共同點，那就是：他們都有堅定的信念，為了實現自己的財富夢想，他們可以排除萬難和歷盡辛苦。這樣更有力地證明：富人致富的奧秘，不是在於他們是否擁有過人的天賦和能力，而是在於他們能否按照致富法則中那種可以被所有人理解和運用的「特定的方式」行事。

能否致富無關節儉。無可否認，節儉是一種傳統的社會美德，而且好處很多，例如：「它是為未來做長遠儲備」「可以訓練人們的計劃性」。但是這一切都不足以掩蓋它的最大缺點：它不能幫助我們致富。只要提到節儉，我們經常會想到一個詞語——「開源節流」。很明顯，它強調的是先有「源」，然後再「節流」。只有開源才可以使財富永遠不枯竭，否則只是單純地節流，只會慢慢將現有的財富消耗殆盡。我們對葛朗台（Grandet）——那個出名的吝嗇鬼很熟悉，節儉如他，在彌留之際仍然感覺不到自己的富足，反而更憂心忡忡。在現實生活中，雖然節儉但是仍然貧窮的人也不少見。這不是說貧窮的時候不需要節儉，而是說節儉不是致富的有效手段，假如想要依靠節儉來脫貧致富，幾乎與水中撈月沒有什麼分別。**所以大家切記，致富的唯一途徑就是遵循致富法則，按照「特定的方式」行事。**

致富不表示要做那些別人做不到的事情。每個人都明白這個道理——致富有道，貧困有因。假如不願意遵循致富規律，按照「特定的方式」行事，即使你有上天入地之能，也不可能發財致富，過著富足的生活。

致富只需要有方法

對上述內容進行總結，我們可以得到一個結論：只有遵循致富法則，按照「特定的方式」行事，才可以致富。這也從更深層次上說明：**致富之道是一門有內在規律性和邏輯性的嚴密科學。**

此外，我還要再補充幾點：

首先，雖然我們說能否致富無關環境，但是我們也承認環境的好壞會對致富產生一定的影響。舉例來說，要是跑到撒哈拉沙漠中的無人地帶去做生意，顯然不可能成功。所謂的生意是要和人們來做交易，所以要考慮自己的客戶群在哪裡，哪裡有需求哪裡才可能有收益，這是每個做生意的人都應該明白的道理。但是，環境對致富的影響恐怕也只有這麼多。

其次，雖然致富與我們所選擇的行業和職業關係不大，在任何一個行業和職業中都有人可以致富，但我們可以肯定的是：**如果你選擇的行業是自己喜歡的，可以讓自己感受到樂趣的，就會使致富變得更容易。**如果你選擇的職業可以發揮自己的特長，你一定會做得更出色，為你的一切錦上添花。

此外，如果你選擇的行業可以符合地域特徵，就會對致富更有利。舉例來說，如果你想賣霜淇淋，獲利多的最佳地點顯然是溫暖的地方而不是北極圈裡冰天雪地的格陵蘭島；與此相同，如果你要從事捕撈業，相對於不出產鮭魚的佛羅里達來說，盛產鮭魚的美國西北部沿海地區顯然是更好的選擇。

能否致富與資金的多少關係也不大，因為缺少資金而無法致富的例子並不多見。假如資金充足，財富會增長更快也更容易，但是如果你有資金，就表示你是一個有錢人，再談如何致富不是多此一舉嗎？其實，你根本無須擔心資金的問題，因為擁有資金是致富過程中的一部分，是按照「特定的方式」行事所產生的一個必然結果，所以即使你已經窮得一無所有，只要可以按照「特定的方式」做事，同樣可以擁有資金，同樣可以致富。

對於致富來說，以上這些條件會產生某種程度的限制作用，真正產生決定作用的還是要看我們是否可以遵循致富法則，按照「特定的方式」做事。

即使我們現在是這個世界上最窮困潦倒的人，我們債台高築，沒有人願意對我們施以援手，我們也不知道應該向誰求助，但是只要我們可以按照致富法則中的「特定的方式」行事，就可以扭轉困境，逐漸變得富有。凡事「有因必有果」，只要按照正確的方式做事，就算你現在還沒有資金，你也可以很快得到資金；就算你現在從事的行業不適合自己，你也會很快找到適合的行業；就算你現在站的位置是錯誤的，你也可以很快找到正確的方向。

一第三章一

只要你願意，財富無處不在

- 財富對人類的供給是無窮盡的。
- 每個人的身邊都有許多致富機會。
- 致富的機會傾向於順應潮流的人。

富人的數量在不斷增加，那些還沒有富有的人將這一切看在眼裡，難免覺得有些沮喪，他們也許會想：世界上的財富原本只有那麼多，如今已經被富人們瓜分得所剩無幾，他們壟斷的壟斷，設置壁壘的設置壁壘，只剩下那些少得可憐的致富機會又怎麼會幸運地落在我的頭上？因為我曾經那麼勤奮，那麼努力，還是找不到致富之道。完了，這樣看來，我註定要一輩子生活在貧困中。

事實真的如此嗎？我們經常說，上帝是公平的，他在對我們關上這扇門的同時，也會為我們打開另一扇窗。致富的機會同樣存在於你我的身邊，有些人之所以貧窮，絕對不是富人壟斷行業和設置壁壘造成的。也許某些行業對我們關上大門，但是同時也會有其他的致富之門向我們敞開。

我們有例子可以來證明：對我們來說，鐵路運輸行業是一個高度壟斷的行業，想要進入或是在其中做得出類拔萃是非常困難的。但是我們可以看到，電氣化鐵路運輸正在興起，其發展勢頭強勁，它會將大量的致富機會擺在我們眼前，只要抓住這些機會，我們很可能有一天會大權在握。我們也可以看到，近幾年航空運輸行業也在不斷發展，不久以後將會成長壯大，這個行業及其附屬的分支機構也將無數的就業機會擺在我們眼前。我們為何一定要與鐵路運輸行業的霸主們爭得你死我活，不將目標轉向電氣化鐵路運輸或是航空運輸行業搶佔先機？

如果你在鋼鐵托拉斯（Trust）企業裡只是一個普通員工，想要在這個行業中嶄露頭角是非常困難的，但是如果你可以按照「特定的方式」做事，你即將做出的決定就是離開鋼鐵托拉斯企業，或許你會買下一塊土地來耕種糧食，然後轉做糧食和食品生意。只要我們不怕辛苦而勤於耕作，勢必會發現好機會。可能你會認為只憑自己想買土地難如登天，但是我可以肯定地告訴你，只要你可以按照「特定的方式」行事，買到土地就不是不可能。

隨著人類社會的發展變化，我們也要與時俱進，要跟得上時代的步伐。時代不同，所產生的致富機會也不盡相同，不同的致富機會又會將人們帶往不同的地方。可能現在機會出現在農業上，過一段時間就會轉移到工業上，不久之後又會轉移到商業上。**總之，不管機會出現在哪裡，它總是對那些順應潮流的人青睞有加，對那些逆勢而為的人避而遠之。**

由此我們可以得出這樣的結論：那些目前還在貧困深淵中苦苦掙扎的人們，沒有人剝奪他們作為個人或是群體的致富機會。作為一個階層，他們之所以無法擺脫貧窮，不是因為老闆的「壓迫」，也不是因為托拉斯和財閥的「剝削」，而是因為他們沒有遵循致富法則，按照「特定的方式」做事。例如：現在的美國工人們，你們是不是很羨慕那些身處歐洲比利時等國家的同行？他們創建強大的百貨商店和聯合企業，推選自己的代表進入政府機構，制定並且推行許多可以維護自己利益的相關法律。其實，只要你們可以按照「特定的方式」行事，我敢說，你們也會像他們一樣擁有這些，而且不久之後，你們還可以用非暴力的方式建立屬於自己的領地，創造出更多的財富。

我們需要強調的一點是：無論是誰，只要按照「特定的方式」行事，財富法則對你來說就是適用的。**如果你想要致富，就不要被那些箴言警句捆住手腳，要敢於掙脫舊有**

而愚昧的思想束縛，順應時代的潮流，勇於創新，盡自己所能地發揮創造力，探尋致富之道。

此外，還有一點也很重要，那就是：財富對人類的供給是永無止境的，所以每個人都有致富的機會。

大自然擁有的資源足以養活所有人，所以因為財富的供應不足而貧窮的人根本不存在。目前以人類的智慧可以發現的供應來說已經相當充足，那些還沒有被發現的更是無窮無盡。我們之所以這樣說，當然不是沒有根據——在宇宙空間中，存在一種可以創造萬物的東西，我們將其稱為宇宙原始能量（Original Substance），如果以人類的需求做對比，這種原始能量的供給幾乎是永遠不會衰竭的。

萬物之形都是源自於宇宙原始能量的運行，宇宙原始能量透過不同的頻率振動創造不同物體，為人類提供源源不斷的供給。

宇宙原始能量充斥於宇宙空間以及物體與物體之間。它按照固有的規律而運行，因為運行規律的不同表現出的事物也會有所不同，它具有無限的生命力和創造力，經常會孕育出品種更為繁多的生命體。宇宙能量的供給是那麼富足而無窮盡，就算再創造出一萬個像我們這樣的星球，也是富足有餘。宇宙原始能量在孕育萬物的同時，也彰顯出自身的偉大與富足。只要我們合理利用，大自然給予我們的饋贈就是用不完的。

所以，如果說有人是因為供應不足或是資源短缺而貧窮，這樣的理由是不成立的。大自然是取之不盡用之不竭的。宇宙原始能量具有無限的生命力和創造力，舊的事物離去，就會有新的事物去替補。例如：如果土地資源短缺，耕地面積不足，人類衣食無法得到保障，宇宙原始能量就會透過人力開墾出新的耕地或是創造出可以代替耕地的新事物來供養人類。為了保障人類資源的富足，宇宙能量一直默默地為人類提供一切所需。

從整體趨勢來看，人類在不斷發展進步，日益富有壯大，雖然會有個體貧窮，但只是偶然現象，其原因在於他沒有按照「特定的方式」做事。

一第四章一

創造財富的第一步是思考

- 想要獲得更多財富，就要學會按照「特定的方式」做事。
- 人類的創造性思維是創造財富的根源。
- 致富必須從相信真理做起。

創造財富的第一步是思考

宇宙原始能量孕育世間萬物，源源不斷地為人類提供一切生活所需。相對於人類的需求來說，宇宙能量是取之不盡用之不竭的。宇宙能量按照其自有的方式和規律而運行，所有出現在地球上的有形物質和運動過程都是宇宙能量運行的具體表達。宇宙能量依照規律運行創造世間萬物，作為萬物之中的人類也同樣生活在這種規律之中，是這種規律的組成部分。

例如：如果宇宙能量正在按照一棵橡樹的生長模式運行，地球上就有一棵橡樹正在發芽和成長，是宇宙能量按照這種既定的運行軌跡運動促使這個過程的產生，但是這種產生卻可能需要成百上千年的時間。因為不是一開始運行，就立刻長出一棵高大挺拔而枝葉茂盛的橡樹，而是按照既定的規律先啟動橡樹生長的力量，之後由這種力量推動橡樹沿著植物的特定生長軌跡生長。如果宇宙能量正在按照一顆星球形成的規律運行，就會有一顆星球伴隨其產生並且做出相應的運動。這樣下去，就會形成太陽系和銀河系。世間萬物的生長規律也是透過這種方式被確立，宇宙原始能量的運行也會因為人類的主觀參與和影響而變得更活躍和豐富。

人類的思想影響宇宙能量的運行，只要我們把心中所想傳遞給宇宙能量，就可以促成一種事物的產生。**可見，人類的思想是影響創造財富的主要原因。**

地球的發展是由人類的頭腦、智慧、勞動決定其可以推動地球的發展，人類的思維被譽為「地球上最美麗的花朵」。

人類與其他動物的最大區別就是人類有思想，而且這種思想是自發產生的。人類創造事物的時候，都會經歷一個由腦到手的過程：先在頭腦中想好，再利用自然界的資源和能量，用雙手把它創造出來。實際上，人類就是在這個過程中參與和影響宇宙原始能量的運行。

所以，只要我們可以擁有極富創造性而且內容豐富的思想，就可以更深遠而強大地

影響宇宙原始能量，進而創造出更充裕的財富。如果你想要獲得更多的物質財富，就不要只盯著那些原本就存在於地球上的東西，應該盡情發揮自己的想像力和創造力，並且把這些思想傳達給宇宙能量，和宇宙的智慧共同為達到創造新事物這個目的而奮鬥。只要我們的思想不與宇宙原始能量的運行規律發生偏頗，傳遞的資訊又足夠強烈，無論是誰，都可以和宇宙原始能量達成合作共識，進而達到自己的目的，但是有三點認識是需要我們瞭解的：

第一，宇宙原始能量孕育世間萬物，其不同規律的運行又產生不同的事物或是運動過程。相對於人類而言，宇宙原始能量的供給是無窮盡的。

第二，宇宙原始能量的運行會受到人類思維和活動的影響。所以，只要人類和宇宙能量和諧發展共同合作，就可以創造出更豐富精彩的物質世界。

第三，人類是地球上唯一具有發散性思維的物種，人類思維的發散性和創造性是那樣的豐富和強烈。人類的思想和信念越是集中和強烈，越可以對宇宙原始能量產生深遠影響，進而使目標的實現變得更容易。世界上所有的財富，都是源自於宇宙原始能量與人類的創造力的完美搭配。

還有一點至關重要，那就是：人類與宇宙原始能量可以和諧的共同發展合作的前提，這就要求人類必須按照「特定的方式」進行思考，絕對不能與宇宙原始能量的運行規律發生偏頗。至於其中的道理，每個人都可以明白。舉一個簡單的例子：「不勞而獲」的幻想是不可取的，也是不符合宇宙能量運行規律的，所以宇宙能量不會和這種不按照「特定的方式」思考的想法進行合作。所以，天下永遠沒有「不勞而獲」的事情。

致富從正確思考做起

正確的思考方式是致富過程中要邁出的第一步，人們的做事方式取決於人們的思考方式。能否實現富足，關鍵要看我們是否可以按照致富的特定規律去進行思考。能否正確進行思考，對致富來說至關重要。

想要做到正確的思考，我們必須要從思考真理開始，思考事物的本質特徵而不是它的表象或形式。

雖然思考的能力是人類與生俱來的，但是相比於思考事物表象的簡單易行，要發現掩蓋在層層表象下的事物本質卻非常困難，往往要我們付出幾倍甚至幾百倍於其他事情上所付出的努力。

持續深入進行思考並不容易，其艱難程度甚至會使許多人畏縮不前。如果事物的本質與其表象不統一的時候，這種情況就會更為常見。所有有形世界中的表象，都會在你看到它的同時，給你留下一個與之相應的圖像，如果你不想產生錯覺，就要挖掘出事物的本質。

你看到貧窮表象的時候，你的頭腦中就會產生一個與貧窮相對應的影像。假如你因此認為貧窮是理所當然的，就會永遠為貧窮所困。正確的處理方法是：我們要撥開迷霧，看到事物的本質——**世界上根本沒有貧窮，只有財富；世界上沒有貧窮的人，只有一群即將富有的人。**

疾病困擾我們的時候，我們應該思考健康；貧困桎梏我們的時候，我們應該思考財富。想要做到這些並不容易，需要有強大的力量作為後盾。但是只要具備這種力量，就可以成為自己命運的主人，實現自己心中所想。

想要獲得這種強大的力量，唯一的途徑就是以「特定的方式」做事，以期得到宇宙原始能量的回應，與之共同努力，讓夢想變為現實。

只有對此堅信不疑，我們才可以勇往直前。因為我們相信，我們想要創造和獲得的，還有我們想要成為的。這一切，只要我們付出努力，就可以變成現實。致富的第一步就是要相信真理，為了進一步加深我們的印象，必須再次重複本章所說的三個論斷：

第一，宇宙原始能量孕育世間萬物，其不同規律的運行又產生不同的事物或是運動過程。相對於人類而言，宇宙原始能量的供給是無窮盡的。

第二，宇宙原始能量的運行會受到人類思維和活動的影響。所以，只要人類和宇宙能量和諧發展共同合作，就可以創造出更豐富精彩的物質世界。

第三，人類是地球上唯一具有發散性思維的物種，人類思維的發散性和創造性是那樣的豐富和強烈。人類的思想和信念越是集中和強烈，越可以對宇宙原始能量產生深遠影響，進而使目標的實現變得更容易。世界上所有的財富，都是源自於宇宙原始能量與人類的創造力的完美搭配。

我們必須心無旁騖，謹記這三個論斷，在日常生活中不斷加以研磨，直到它們成為自己的思維習慣，在自己的頭腦中根深蒂固。如果你對它們有所懷疑，就要將這種疑惑視作罪惡，盡快拋諸腦後。不要關注那些反對的聲音；不要聆聽那些會擾亂我們心智的演講或宣傳；不要翻閱那些會讓我們產生私心雜念的讀物，如果因為接觸這些亂七八糟的資訊而使我們的信念發生動搖，之前我們所做的一切就會前功盡棄。

不要問為什麼這些真理就是正確的，它們是不是真的那麼正確，對你來說並不重要。你要做的是——接受它，並且堅信它。

如果你可以無條件地接受這些真理，就是邁出致富之路的第一步。

一第五章一

財富是創造出來的，而不是搶來的

- 我們不能讓生命在窮困中慢慢逝去。
- 每個人都應該為別人的利益而犧牲自己的觀點是錯誤的。
- 只有充分發展自己，才會對別人有益。
- 與過度的自私相比，過分的無私也沒有高尚多少。

完美人生從致富開始

也許你聽過一種可怕的思想：神說，作為人類，你們應該甘於窮困，因為貧苦是對人類可以更好地侍奉神靈的歷練。這種思想真是腐朽不堪，因為與神靈相比，我們的父母和孩子以及我們自己才是更需要我們去奉養的。在本書中，請你們對這種思想敬而遠之。**很明顯，如果真的是值得人們敬仰的神靈，不會允許人們的生命在貧困中慢慢逝去。**

宇宙原始能量在孕育世間萬物又源自於萬物之中，它也植根在我們的身心之中。大自然蓬勃的生命力和偉大的智慧，使得世間萬物為了繁衍生命和最大限度地實現自我而孜孜以求——這是大自然賦予萬物的本能或天性。生命也因此得到延續，世世代代，綿延不絕。

例如：泥土裡的一粒種子，從發芽到成長，最後在生長的過程中孕育出無數的新種子，這個過程就是生命種群得以延續發展的過程。

智慧的增長也是同樣的道理：一種思想的產生會孕育另一種新的思想，我們瞭解的每個事實真相都會為我們開啟發現另一個真相的大門，由此我們的思維被拓寬和發展，我們的知識被豐富和運用……

我們力求生命的完美，不停探索、不停行動、不停超越。我們聽從生命的召喚，因此我們不斷渴求財富。

究其本質，對財富的渴望就是在尋求生命的進步，在追求更高的人生價值和完美的人生。這種渴望是積極而正面的，只有把這種渴望變成一種努力，才可以使它成為現實。在人們的心中，潛藏一種特殊的本能，就像使萬物生長的力量一樣，這種本能如果覺醒，就會自然萌發出尋求財富的衝動。這就是自然的法則，這就是生命的意義。這個不斷追求自我完美表現與表達的生命法則，同樣適用於存在於每個角落的宇宙原始能量，因為它也渴望美好事物，唯有如此，才可以充分地表達自己。所以我們說，創造豐富的物質世界是宇宙能量的本能。

如果我們已經開始自發地追求生命價值，就表示我們已經和宇宙原始能量還有自然規律達成一致，已經與宇宙中最強大的力量融為一體。

世間萬物都是為我們而存在，我們的追求代表的也是宇宙原始能量的渴望，它會為我們的追求感到欣慰。

讓我們堅定地相信這個真理吧！

致富可以使我們的生活更美好，我們不必為溫飽而煩惱，還可以透過娛樂消遣來消除疲勞。我們有精美的物品可以欣賞，有廣袤的大地可以遊玩，有愛我們的人和我們愛的人需要我們的幫助，這樣的人生才是完美的人生。

此外，還有一點需要注意：即使你生活富足，有能力幫助別人的時候，也千萬要記住，不要為了幫助別人而犧牲自己。這種傾盡所有的做法不是善舉，而是目光短淺和對自己不負責任的表現。**因為，與過度的自私相比，過分的無私也沒有高尚多少。**

實際上，每個人都應該犧牲自己成全別人的觀點是錯誤的。請你們謹記，幫助別人必須以充分發展自己為前提，因為只有自己足夠強大和富足，才可以負擔這份責任，才可以為別人提供更好的幫助。

不做競爭者，要做創造者

富裕的生活是發展自身的先決條件。因此，每個人都應該努力掌握獲取財富的方法，研究如何獲取財富的學問，才是正確並且值得稱讚的做法。

人類的創造是致富的泉源。宇宙原始能量是取之不盡的，世間萬物會因為它的運行而變得更美好，這是必然的結果。

宇宙的規律和大自然的法則告訴我們要自己創造財富，不能垂涎別人的財富，甚至用巧取豪奪的方式，將別人的財富據為己有。

因此，我們不能依靠競爭來致富，也不能總是盯著那些已經被創造出來的財富，而是要學會自己創造新的財富。

如果我們真正懂得「創造致富」的道理，就不會掠奪別人，就不會錙銖必較，就不會欺詐行騙，就不會豔羨別人的富有，就不會貪圖別人的財產。因為我們明白：創造本身就是用之不竭的財富之源，我們可以擁有與他們一樣的財富。

我們不應該做競爭者，而是應該做創造者。因為「創造」可以讓我們得到屬於自己的財富。在你追求財富的同時，會讓其他人得到更多的財富，也會讓人類社會進一步發展壯大。

世界上也確實存在一些人，他們使用完全不同於「創造致富」的方式，也同樣擁有巨額財富。對於這個現象，我的解釋是：那些透過競爭致富的富豪，有時候也會與宇宙原始能量的運行規律發生重合，從客觀上說，他們的活動有益於人類的福祉。例如：在工業革命中發跡的洛克菲勒（Rockefeller）、卡內基（Carnegie）、摩根（Morgan）等人，他們的貢獻就是使得工業生產變得更有組織和計劃，使人類的生活得到很大程度的改善，使人類社會得到進一步發展。他們在不經意之間充當宇宙原始能量的使者，並且因此而獲得財富。但是，屬於他們的時代已經成為過去。他們使秩序井然的社會化大規模生產變成現實，與此同時，也使更加多樣化變成一種可能，他們將會被生機勃勃的新生力量所取代。如同史前恐龍一樣，那些財閥和富豪雖然在進化過程中確實功不可沒，但是他們最終卻無法逃脫被消滅的命運，消滅他們的力量正好就是孕育他們的力量。

透過競爭得到的財富，既不是長久的，也不會讓人得到真正的滿足。因為如果透過競爭取得財富，財富就不是固定地屬於一個人，它可能會在人們的手中不斷輪換。我們要隨時牢記，財富的供給是無限的，所以應該用科學而正確的方式而不是競爭去致富。我們要隨時警惕，不要被「富人們已經佔據所有的財富，所以我們必須去競爭和搶奪，運用各種手段，從他們手裡得到財富」的想法所左右，否則就會陷入競爭思維的泥潭，無法發揮我們的創造力，更不要期待「創造致富」。

永遠不要貪圖別人的財富，我們應該把關注的方向轉移到宇宙原始能量可以創造出的無窮財富上。**我們接受和運用財富的速度越快，財富向我們走來的步伐也會越快**。我們絕對不可能因為有人壟斷現有的資金而無法致富。

因此，你們不必這麼想：我必須加快動作，立刻興建自己的房子，不然好地段就會被搶走。請你們放心，永遠沒有人可以阻止你得到自己想要的東西。

之所以這樣說，是因為我們不是從別人手裡搶東西，而是在借助宇宙原始能量幫助自己創造東西，只有這樣的財富才是無限的。

我們應該堅守以下的信念：宇宙原始能量無處不在，而且遵循一定的規律運行，相對於人類的需求來說，這種能量是取之不盡用之不竭的。所以，只要與這種能量完美結合在一起，我們的那些財富夢想就會變成現實。

—第六章—

越努力越幸運，財富越會青睞你

- 我們從客戶那裡得到的應該少於我們給予的。
- 創造財富要有正確的思考和積極的行動。
- 善良誠實、公平交易，致富不忘回報社會。

有些人的觀念很狹隘，在他們看來，在生意場上使用欺詐等手段可以更快獲利。很顯然，這種想法絕對不應該存在。我們在生意場上會與對方討價還價，這樣很正常也是正當的，但是如果想要在交易中透過不正當手段得到那些原本不應該得到的利益和實惠，這種交易就會有失公允。我們不僅要堅決抵制這種做法，還應該堅持：我們從客戶那裡得到的應該少於我們給予的。

在正常的商品交易中，我們應該用等價的物品與客戶進行交換。雖然如此，我們卻可以盡量多給他們一些使用價值作為回報。就以我們這本《失落的致富經典》來說，如果只考慮紙張和油墨以及其他材料的核算成本，其計算出來的數字可能小於這本書的定價。但是這本書中所提出的致富理論可以為讀者帶來數不盡的財富，讀者也可以因此獲得高於現金價值的使用價值。在這裡，出版社也從讀者那裡獲得現金價值，但是同時奉送給他們的致富知識卻是無價的，與此相比，讀者付出的現金就會顯得微不足道。

讓我們進行一個假設：我有一幅世界名畫，只要是在文明世界裡，這幅畫就是價值連城。現在，我來到巴芬灣（Baffin Bay），說服一個愛斯基摩人買下這幅名畫，交換物品是一捆價值五百美元的獸皮。在人們看來，這個交易結果如何？很顯然，這個愛斯基摩人吃虧了，因為巴芬灣商業不發達，所以這幅畫對他來說，既沒有市場價值也沒有使用價值，對他的生存毫無助益。

但是，如果我把上述交易中自己的交換物品由名畫換成一把價值五十美元的獵槍，這場交易無論對誰來說，就是公平合理的。因為對愛斯基摩人來說獵槍很有用，他可以用獵槍得到更多獸皮，進而使自己的生活得到改善，甚至還有可能因此變得富有。

我們在交易的時候，要盡可能給予對方多於我們得到的現金的使用價值。因為這樣一來，我們每進行一筆交易，就會為人類的美好生活做出一些貢獻。

如果你可以依據上述的原則與客戶做生意，就可以比別人更吸引客戶，生意就可以比別人好。這樣一來，你的人脈就會越積越廣，生意也會越做越大。

只有我們遠離競爭致富而選擇創造致富的時候，才可以對自己所做的每一筆交易是

否合理做出公正的評判。如果我們得到的利益大於對方得到的使用價值，請放棄這筆交易吧！記住，在生意場上，永遠不要把自己的利益建立在損害別人利益的基礎上。如果我們的工作是依靠損害別人的利益而讓自己獲利，就不要這份工作，因為它只會讓財富鄙視你，距離你越來越遠。

假設我們現在正在經營一家企業，企業中員工貢獻的現金價值必然會高於他們得到的薪水，原因在於：所有的企業都是依靠獲取剩餘價值來獲利。但是我們還是可以透過積極有效的組織管理，建立一套完善的進取機制，讓員工從中獲得非物質的回報。只有這樣，那些有上進心的員工才可以在工作中獲得比薪水更有價值的進步和回報，那就是：可貴的自我成長。

我們的企業也可以像你正在閱讀的這本著作一樣，為員工鋪設致富的階梯。科學有效地經營我們的企業，為我們的員工提供一個創造致富的機會。只要他們願意用心，就會沿著這個鋪設好的階梯走上富裕之路。當然，如果給他們機會，但是他們卻不願意努力，責任就在他們自己。如果工作一天就表示多一分讓自己變得富有的機會，恐怕不會有哪個員工不會為之努力奮鬥，我們的企業想要不受歡迎或是不受尊敬都不可能。

但是還有一點也很重要，希望你們多加注意，那就是：天下沒有不勞而獲的事情，宇宙原始能量不會自動地創造出財富並且送到我們身邊。**所以，我們不僅要發揮自己對宇宙原始能量的影響力，還要將自己的想法積極地付諸行動。**

如果你想要一台縫紉機，卻只是一直想，不願意去做什麼，就算你想破頭，那台縫紉機也不會走到你面前。與之相反，如果你可以謹記自己的願望，還可以付出實際行動——積極收集資訊，聯繫工廠，籌措資金，宇宙原始能量的智慧才會和你的願望形成和諧的合作關係，把縫紉機帶給你，實現你的願望。即使我們生活在緬因州（Maine），也會有來自德州（Texas）甚至是來自日本的商人與我們做縫紉機的生意。

在這場交易中，我們各取所需——商人得到利潤，我們得到自己想要的東西。

所以我們要隨時謹記，用一顆有良知的心與別人公平交易，給予別人的應該超過我們得到的。如果我們堅持以這種良好的狀態對宇宙原始能量施加影響，並且付諸實際行動，就像最終我們得到那台縫紉機一樣，我們也可以得到自己想要的一切。

宇宙原始能量運行的目的是為了使世間萬物變得更美好，這種美好表現在每個人的身上。

所以，立刻行動吧，不要再猶豫而畏縮不前，我們絕對可以得到更多。只要我們用一顆有良知的心與別人公平交易，不覬覦別人的財富，自己創造財富，就可以和宇宙原始能量和諧統一，實現自己的致富夢想。

可是很少有人可以接受這種觀點，於是就會造成一種局面——很多人如狼似虎地緊盯著眼前這些財富，因為害怕別人先下手而爭得你死我活。假如他們也可以閱讀這本書，並且對其中的觀點表示認同，他們就可以和我們一樣從容和幸福，而且會更快地富有。

一第七章一

心存感恩，就像已經成功了一樣

- 心存感恩可以帶來更多回報。
- 心存感恩與所有美好的事物息息相通。
- 感恩之心需要培養。

在前幾章中，我們一直試圖向人們傳遞一個觀點：將想要致富的想法傳遞給宇宙原始能量是致富要邁出的第一步。在這一章裡，我們還要講述一個新的觀點：我們應該以一種與宇宙原始能量相互和諧的方式與它發生聯繫。只有這樣，才可以實現我們的致富夢想。

不管是誰，只要你想要致富，就要與宇宙原始能量保持這種和諧統一的關係。唯有如此，和宇宙能量共同發展合作的目標才可以實現，如果想要實現這種和諧統一，我們就要適度調整身心。在這裡，我們也找到對這個調整過程的適合概括，那就是：心存感恩。

心存感恩，就表示要相信宇宙原始能量的存在，並且相信它的供給是無限的。

我們要心存感恩，堅信宇宙原始能量會幫助我們得到自己所需要的一切。

只有懷抱虔誠的感恩之心，才可以與宇宙原始能量保持和諧統一。

很多人依舊貧窮是因為他們缺少感恩之心，因為在他們接受別人的給予之後，不懂得感恩和回報而不再和對方發生聯繫，進而讓致富的良機從身邊白白溜走。

「心存感恩，可以帶來更多回報。」

心存感恩是一種力量，只要我們心中隨時有善念，我們的思想就會將世界上所有美好的事物帶到我們面前，財富也包含在內。心存感恩可以讓我們的思想與宇宙原始能量聯繫得更緊密，其原因在於：我們擁有的財富是透過「特定的方式」得來的，感恩之心可以指引我們的思想沿著致富之路前進。這樣一來，我們就不會再囿於競爭性思維中，轉而與創造性思想達成統一。正如我們在前文中談到的，「財富是有限的」這種思想嚴重阻礙我們的致富之路，懷抱感恩之心可以使我們遠離這個泥潭，正確地看待世界上的一切事物。

宗教中有一種說法：「你接近上帝的同時，上帝也在接近你。」將這種說法換到財富方面其實也說得通——我們距離財富越近，越容易得到財富。心存感恩會讓我們變得積極樂觀，讓我們把目光更多投放到那些美好的東西上，讓財富與我們走得更近，這也會為我們找到甚至創造致富機會提供便利。

反過來說，如果沒有感恩之心，我們的日子就會很難過，會對周遭的一切感到不滿。如果頭腦裡總是裝著這些讓人感到不滿的事情，慢慢地，我們就會將關注和評判那些消極而負面的事情當成一種習慣。緊接著，這些東西會佔據我們的思想，在不經意之間，我們又會將它們傳遞給宇宙原始能量，於是這些消極負面的東西越來越多地聚集在我們的周圍，我們也會逐漸失去致富的能力。

假如我們總是將注意力投放在身邊那些陰暗的事物上，我們自身也會變得陰暗，那些積極美好的事物也會離我們遠去，財富也不會青睞於我們。我們會被內在的創造力塑造成什麼模樣，取決於我們關注的是什麼。

心存感恩的人往往喜歡關注那些美好的事物，並且從中體會那些美好的特徵，這樣的人會受到大自然的青睞，得到大自然最美麗的恩賜，形成高尚的人格，成為最優秀也是最有成就的人。

感恩之心可以堅定人們的信念，因為它會使人們對美好的事物心生嚮往，信念就是由這種嚮往孕育出來的。一個人意識到自己要感恩的時候，信念就會開始慢慢形成。每當我們流露出一次感恩之心，就會使我們的信念增加一分。一個人如果不懂得感恩，就不會有堅定的信念；如果沒有堅定的信念，我們就不會為了讓自己的財富夢想變成現實而去積極主動地創造致富。

我們應該抓住上天給我們的每個恩賜來培養自己的感恩之心，並且讓這種心情持久地保持下去。

不要在指責和抨擊那些財閥和富翁的不義行為上浪費時間，因為換一個角度來看，正是因為有他們，我們才有更多的致富機會，而且我們的指責和抨擊也無法對他們產生任何作用——既不會讓他們變得善良，也不會讓他們立刻從這個世界上消失。

不要再對那些看起來高不可攀的政客官員們指責不休，因為換一個角度來說，正是因為有他們，我們才可以避免淪為無政府狀態，不至於使發財的機會大幅減少。

不要把時間和精力浪費在消極的情緒和事物上，也不要讓自己心中充滿憎恨。**我們**

要用感恩的心態去看待這個世界，它會將我們與所有積極的因素統一起來，將美好的事物源源不斷地帶到我們身邊。

第八章

人們之所以能，是因為堅信自己能

- 清晰的致富訊號更為宇宙原始能量所青睞。
- 只有夢想清晰，才會更容易實現。
- 致富方向要謹記。

每個人都應該清楚：想要達成自己的致富夢想，必須把自己對財富的渴望以一種和諧的方式傳遞給宇宙原始能量，並且透過「創造致富」得以實現。

只有我們傳遞的致富願望是清晰而具體的，甚至清晰到可以在自己頭腦中形成一幅內容明確而纖毫畢現的畫面，才可以保證它在最終變成現實的時候毫不走樣，才可以更好地實現自己的財富夢想。

因此，在我們要將自己的想法說出口之前，一定要瞭解自己想要的是什麼？想要多少？如何去要？很多人對於這些問題想法模糊，沒有明確的方向，我們也無法將這些自己也理不清的念頭很好地傳遞給宇宙原始能量。如果我們想要致富，卻只有「我想要生活得更富足」這個籠統的願望，是絕對不夠的。出於本能，每個人都會在經意或不經意之間，產生想要環遊世界或是希望自己的生活可以更富裕的想法。可是，這種想法實在過於簡單籠統因而無法形成強烈的暗示，也不能與宇宙原始能量和諧統一並且產生巨大的影響力和推動力。

如果你打算發送電子郵件給遠方的朋友，肯定會寫一些意思清晰而語句連貫的話語，不會只把字母表裡所有的字母或是從字典裡隨便找出的單詞當成是郵件內容發給他。

與此相同，我們想要將自己的致富願望傳遞給宇宙原始能量的時候，所選用的語句也應該是清晰完整而且容易被理解。否則，宇宙能量無法感知那些籠統和模糊的想法與願望，也無法幫助你實現自己的財富夢想。

除此之外，我們還要像舵手牢記自己的航向一樣，將這份清晰的願望一直留在心中；要像舵手經常查看羅盤一樣，拿出這幅圖像來看看，讓自己記憶猶新。

想要做到這一點其實不難，只要我們在閒暇之餘花費一些時間，思考自己的這些願望就足夠了。我們不必集中思想和注意力，也不必留出時間去祈禱和懇求，更不必進行特殊的儀式。我們只需要做到以下兩點：首先要瞭解自己想要什麼；其次要讓自己深深癡迷於這些想要得到的東西，直到將它們鐫刻在自己的頭腦中，永遠不會消失為止。

其實，如果真心嚮往一件事物，根本不需要做什麼練習。只有那些並非我們真正渴望的東西，才需要我們為了集中精力而不斷努力。如果你年少輕狂的時候曾經為一個女孩而茶飯不思，現在就來想想那個時候吧，此時你一定會發現，那種狀態根本無須不停地進行練習就可以得到。

只有我們對致富有強烈的渴望，而且擁有羅盤指標永遠指向北極一樣堅定不變的決心，我們才有理由花費時間和精力來研究這本書中所說的法則，否則就是在做無用之功。

只有對財富有強烈渴望的人們，才有資格擁有這些致富法則。因為他們對財富是那樣的渴望，以至於為了實現致富的夢想可以克服自身的懶惰，不會受到安逸生活的誘惑，為了致富去奮鬥而且樂在其中。

你越是用心地進行思考，用心地勾勒願望圖像中的所有細節，心中的致富藍圖就會越清晰明朗，你的願望就會變得越強烈，精力也會越集中，也會越容易調動宇宙原始能量，幫助自己實現夢想。

但是，只是這樣是遠遠不夠的，只限於構想和沉思自己的願望藍圖並且陶醉其中，卻不願意付諸行動，只能算是一個空談夢想的幻想家。**幻想家與成功者之間本質的區別就在於：是否付出行動**。沒有行動，成功就不會屬於你。成功者之所以會成功，就在於他不只是享受夢想帶來的愉悅，還會以此來堅定自己的信心，讓自己全心投入到致富的行動中，實現和宇宙原始能量的和諧統一，最終成功地讓自己變得富有。

一第九章一

用自控力掌控時間、情緒、生活

- 做到內斂於心，而非對別人指手畫腳。
- 正面的自控力可以使我們不偏離正確的運行軌道。
- 用自控的力量排除貧窮的影像。

自控力是致富的最好內驅力

為了實現財富夢想，我們應該積極而出自善意地去影響宇宙原始能量，而不是強迫它接受這一切。切記：絕對不可以將自己的意志強加給某人或某物，不可以強迫他們為自己做事，替自己完成財富夢想。

我們沒有權利這麼做，這樣做是非常錯誤和危險的。

因為，與用武力強迫別人相比，將自己的意志強加給別人，迫使別人按照自己的意志行事，這種做法也好不到哪裡，二者都是十分危險而愚蠢的。儘管二者所使用的手段不同，但是從本質上說，不管是利用精神力量竊取別人財物還是依靠武力搶掠別人財物都沒有區別，二者都是野蠻而粗魯的強盜行為，都會面臨懲罰。

在這裡，我要再次提醒大家注意：**誰都沒有權利將自己的意志強加給別人，就算是**

以「為別人好」為理由也不行，因為我們不知道，怎樣做才是真的為別人好。本書中所說的致富法則，無論在什麼情況下，都不會要求你對別人使用強權。因為這樣對我們毫無幫助，也沒有必要。實際上，無論什麼想要將自己的意志強加給別人的做法，最後都會事與願違。

我們對任何事情都無須強求，也不需要讓所有事物都按照自己的意志行事。認為自己就是世界的中心，妄想要全世界都圍著自己轉的人是愚蠢的。這種想法對我們的思想和行為不僅無益，反而有害。

就像沒有必要運用意志力干涉太陽的升降一樣，我們也沒有強求上天將最美好的東西賜予我們的必要。

唯一正確運用意志的方法，就是將意志力內斂於自身，讓它成為一種自控力。唯有如此，才可以借助它的力量，實現我們致富的願望。

具體到獲取財富的過程中，到底要怎樣做才算是正確運用內化的意志力，或是說自控力？答案是：要在準備進行每次思考和行動之前，用自控力控制自己，讓自己只在正確的事情上花費時間和精力。在將自己的思考和行動引入正確的軌道之後，還要繼續發揮自控力的作用，確保自己不偏離這個軌道，按照「特定的方式」行事。

不要以控制別人為目的來展現自己的思想、內心世界、自控力。與將意志力運用於別處相比，將意志力內斂於心對實現財富夢想的幫助才是最大的。

最後，我們得出一個結論：**實現財富夢想的關鍵就在於，運用自控力勾畫出清晰的願望藍圖，滿懷信心地堅守這幅藍圖**。在自控力的作用下，我們會盡量對宇宙原始能量施加積極而不是消極的影響，這樣有利於我們加快致富的腳步。所以，我們一定要妥善控制思想的變化，使自控力處於穩定狀態。我們還要明白，自己關注和思考的對象對信念的形成產生至關重要的作用。所以，我們應該運用意志控制自己的注意力，讓自己始終關注那些積極正面的事物。

我們應該確保自己頭腦中所描繪的致富藍圖還有自己的願望追求都是積極而美好的。只有這樣，我們才可以將那些積極正面的影響施加給宇宙能量。否則，我們施加給它的只是消極負面的影響，而在這種情況下，我們越是意志力堅定，越是遠離致富之路。

用自控的力量消除貧窮

想要致富，我們就無須把貧窮放在心上。

如果我們只關注事物的反面，我們得到的也是反面的事物。如果你只關注疾病，你的身體就不會健康，因為健康的身體與健康的心靈緊密相連；如果你只關注罪孽，就無法培養正義的品格，因為對美好事物的追求和嚮往才會孕育出正義；同理，如果你只思考和鑽研貧窮，你只會更貧窮。

以研究疾病為目的的醫學，可能使得疾病的種類大為增加；以消除罪孽為宗旨的宗教，可能加速罪孽的發展；始終將貧窮作為關注焦點的經濟學，會使得這個世界變得更貧窮而且物欲橫流。

所以，請你們不要盯著貧窮不放，也不要再研究到底是什麼導致貧窮，因為貧窮和我們什麼關係也沒有。

什麼和我們有關？答案只有一個，那就是：財富。

此外，還有一點需要提醒大家注意：我們擁有財富之後，不要在育幼院或是慈善機構上浪費自己的時間和精力。我之所以這樣說，是因為慈善的本意是希望消除世界上的所有不幸，但是事實上，慈善只會讓世間的悲劇延續下去。

但是，請千萬不要誤會，我這樣說不是要讓你變成一個冷酷無情而對所有飢寒困苦視若無睹的人。

我要說的是，想要透過傳統的慈善活動來消除貧窮的方法並不可取。正確的做法應該是：不要再為了貧窮而花費心思，把與此有關的一切全部拋到九霄雲外，集中自己的全部注意力，在致富之路上勇往直前。

幫助窮人的最好辦法，就是讓我們自己先變得富有。如果每個人都在為致富而努力，這個世界上的窮人就會越來越少。

如果我們滿懷信心地想要勾畫出清晰美好的財富藍圖，怎麼會總是被貧窮所困擾？

如果我們擁有堅定的致富信念，怎麼會沒有渴望和追求？如果我們想要實現致富夢想，怎麼會沒有堅定的信念作為動力？

反過來說，瞭解貧窮對我們沒有任何好處。不管我們對貧窮瞭解得有多麼透徹，也無法幫助我們消除它。唯有將貧窮的景象從我們的頭腦中徹底抹去，滿懷信心地踏上致富之路，才是消除貧窮的最好辦法。

所以，要將我們的大腦與所有反映痛苦和貧窮的陰暗報導進行隔離，不要讓我們的視線觸及那些反映窮人悲慘生活的書刊雜誌。切記，要遠離這些東西。

這樣做不表示我們已經將那些生活在貧困中的人們拋諸腦後。**我們應該明白，對窮人來說，真正的幫助是對他們精神上的鼓舞，而不是同情和施捨**。施捨只能給窮人一塊麵包，解決一時之急，卻無法解決根本問題。他們在得到暫時的安慰之後，仍然無法擺脫悲慘的境地。只有精神上的鼓舞，才可以激勵他們走出困境，擺脫貧窮。

如果我們發自內心地希望這個世界上不再有窮人，就要從我們自己開始，先讓自己擺脫貧窮。因為，每次致富的經歷都是一個窮人也可以變成富人的有力證明。

讓每個人都來證實，貧窮可以從地球上消失，其原因不是在於關注它的富人數量日益增多，而是在於越來越多的窮人擁有致富的信念和決心。

讓每個人都成為本書中所說的理念實踐者，讓越來越多的人變得富有！唯有如此，才可以消除貧窮。

同時，還要牢記一個法則：致富的根本在於創造和孕育，只有急功近利的人才會選擇掠奪與競爭。

只有創造出來的財富才會長久，利用競爭和欺詐而奪來的財富，有一天還會被別人奪走。不要做違背致富法則的事情，只有創造才可以致富，所有陰謀詭計都是與致富法則相互背離的。

利用競爭而致富的人，總是活在身邊會出現更強大的競爭者的恐懼中。為此，他們會絞盡腦汁地為那些想要致富的人設置障礙。我們甚至可以想像這樣的畫面：每個透過競爭而致富的成功者，都會卑鄙地拆掉自己賴以成功的階梯，原因是他們不想被別人取代，害怕那些後來者超越自己。憑藉創造致富的人卻完全不同，他們在為後來者開闢道路的同時，還會發揮榜樣的作用，引導後來者透過新的創造將這條致富之路拓寬，實現各自的財富夢想。

所以，不要再盯著貧窮不放，不要再關注和談論它，也不要再研究那些導致貧窮的原因。讓我們告訴世人，我們不是不關心世間疾苦，而是要將精力留給自己，要運用意志的力量堅定自己的致富信念，號召更多人走入致富行列，讓貧窮遠離我們，直至徹底消失。

—第十章—

給自己打上「富人」的標記

- 始終關注積極正面的資訊。
- 關注貧窮，只會更貧窮。
- 貧窮只是暫時的，富足才是永遠的。

世界上只有財富沒有貧窮

如果我們總是把注意力用在關注貧窮上，不管是現實的貧窮還是想像的貧窮，都會浪費我們一些思想和精力，進而使我們無法再顧及財富問題。

不要總是對自己在致富過程中曾經遭遇的窘境與不順念念不忘，就算它們曾經深深地傷害你，也不要總是嘴裡念著和心裡想著，我們要做的是忘記。

不要總是沉湎於過去的貧窮或是不斷地談論貧窮，例如：講述自己艱難的童年生活，或是自己的父母是如何的困窘。這樣做只會從思想上將自己歸入窮人的行列，為自己貼上窮人的標記，只會使自己對美好生活的憧憬受到衝擊，追求財富的信念受到壓抑。更嚴重的是，我們等於是在搬石頭砸自己的腳，自己阻斷自己的致富道路，進而使自己與財富擦肩而過。

「塵歸塵，土歸土。」把過去的貧窮徹底忘記，不要再關注任何與貧窮有關的事情，將自己的全部精力放在致富上吧！

我們要永遠堅信：幸福和希望終究會實現，因為這是宇宙智慧的結晶。但是，如果我們不斷改變觀念，讓行為背離自己的目標，最後也只是徒勞無功。

不要閱讀那些消極陰暗的文章，不要相信那些宣揚世界末日即將來臨的宗教，不要理會那些悲觀哲學家的思想，相信他們所說的世界即將走向沉淪和毀滅的觀點。因為這個世界不僅不像他們所說的那樣，事實上正好相反，它會變得更和諧溫暖，美好而富足。

雖然現實中還有許多不和諧而令人傷感的事情存在，但是這些事物和現象必然會隨著時代的發展和人類社會的進步，逐漸被淘汰直至徹底消失。

既然我們已經知道它們將會消失，對其過分關注只會延長它們的壽命，研究它們還有什麼用？既然我們可以透過自身的發展推動社會的進步，為何還要繼續關注它們並且為此浪費自己的時間和精力？

就算世界上仍然有一些地區或國家的人民生活在貧困中，其情其景使人憐憫，我們也不應該在這個方面浪費時間和精力，因為沉湎其中只會讓我們失去致富的良機。

自信是最大的能量

不要為這個世界上現存的貧困而憂心忡忡，我們要相信，在不久的將來，全世界一定會步入富足。

我們要隨時謹記：透過創造而不是利用競爭的手段，讓自己先變得富有，是我們可以幫助世界富裕的唯一途徑。

凝聚所有的力量去創造財富，不要再關注貧困。**讓我們相信，這個世界只有富足，根本沒有貧困**。

沒錯，確實還有一些人在貧窮線上掙扎，那是因為他們忽略原本應該屬於自己的財富。我們可以提供給他們的最好幫助就是為他們做一個榜樣，讓他們看到我們的富足和我們的致富思想和方法，以便他們從中悟出一些道理，瞭解和認識到：這個世界原本就是富足的，只要勇於探究，致富就不再只是夢想。

世界上還存在一些人，他們思想上是懶惰的，所以一直沒有變得富有。他們很明白世界的本質是富有的，卻寧願甘於貧困也不願意動腦筋去思考如何致富，更不要說採取什麼致富的行動。同樣地，我們可以提供給這些人的最好幫助還是讓他們看到我們的富足，用我們的富足與美好感召和刺激他們，用我們的致富思想和方法對他們產生示範作用。

此外還有一些人，他們也知道世界原本是富足的，也願意付出努力去追尋致富之道，可是卻仍然在貧窮線上苦苦掙扎。這是因為，他們過於單純迷信某種理論或是某種超自然力量，使得他們的思想和行動無法統一，所以在致富之路上不斷遭遇失敗。對於這種人，我們更應該為他們樹立榜樣，以此警醒他們。

所以，讓我們把窮人當成正在走向富足的人來祝福他們！讓我們隨時提醒自己，不要用同情的眼光看待他們。只有這樣，這些暫時的窮人才可以從我們身上得到啟發和鼓舞，滿懷信心地踏上正確的致富之路。

只有讓自己成為一個真正的富人，才是對這個世界做出的最好貢獻。我相信，成為一個真正的富人，應該是所有人窮盡一生孜孜追求的，這是一個涵蓋整個人生的偉大目標。高貴的心靈、健康的體魄、完美的人生，這些只屬於真正的富人。

在這裡，我們還要強調一件事情：**如果你認為這本書傳遞出來的致富理念和法則是正確可信的，就不要再接觸其他有關致富的讀物**。也許你會認為，這種說法太過狂妄狹隘，但是請你仔細思考：難道在代數學科中，還有比加減乘除更值得研究的基本運算法則嗎？難道在幾何學科中，兩點之間還存在比直線更短的其他可能嗎？雖然通往頂點的道路有很多條，但總會有一條是最便捷也是最科學的，這就是我們的選擇。讓我們沿著它立刻踏上征程，把其他的誘惑和干擾都拋到九霄雲外，凝聚精力走好這條通往致富的便捷之路，在財富的巔峰處，我們再相聚！

請隨身攜帶這本書，只要有時間就拿來研讀，讓它的內容深深植根於你的頭腦中，不要再想其他的理論體系，否則就有可能因為被其他觀點干擾產生動搖而導致行動失敗。

此外，我們要讓自己的心態始終保持積極樂觀，我們可以多看一些內容積極的評論與報導，不要理會超自然的研究，也不要理會神學和靈性論或是種族決定論。也許他們說的都是真的，真的有我們感知不到的神靈存在於我們身邊，或許現在他就站在我們身後。可是那樣又如何，隨便他們好了，難道還要指望那些虛無飄渺的東西為我們提供幫助嗎？這個問題絕對有待商榷，最起碼，我對此是抱持懷疑態度。在我看來，信奉那些是否存在還是未知數的神靈不如依靠自己來得實際，只要我們可以專注自己的事情，對以下的事實堅信不疑，成功就會指日可待：

宇宙原始能量的規律運行孕育出世間萬物。宇宙空間的每個角落裡，都有宇宙原始能量的存在。

因為所依照的規律不同，宇宙原始能量的運行創造出不同的運動過程或是不同的物體。

人類可以透過自己的思維構想物體，並且把自己的思想傳遞給無形的宇宙原始能量，透過宇宙原始能量的運行創造出自己所構想的物體。

為了可以創造出自己想要擁有的一切，所有人都要透過「創造」而不是「競爭」致富。先在我們的頭腦中構想出財富願望的藍圖，然後將其深深地銘刻在心中，堅信我們的願望將會成真。這種堅定的致富信念，會為我們阻擋一切可能削弱我們的意志和渴望使我們發生動搖的事物與思想，使我們不被它們所困擾。

記住，堅信這一切，並且按照「特定的方式」行事，就會走向富足。

—第十一章—

富人相信奮鬥，窮人幻想暴富

- 無論你想要做什麼，都應該先付諸行動！
- 「特定的方式」是我們的行動導航。
- 行動起於當下，而不是未來。

就是現在，立刻行動

人類的思想是極富創造力的，它就像一顆深藏的火種，點燃以後就可以燃起現象力的熊熊大火，以「特定的方式」思考，使人類走向富裕變成可能。但是，只依靠思想不可能真正實現致富的目標，還缺少一樣重要的東西，那就是——行動。

那些白日夢想家最後只會竹籃打水一場空，其原因就在於沒有將思想和行動有系統地結合在一起。

所以，像你我一樣的普通人，更應該清醒地告訴自己：**只依靠空想是無法達成目標的，因為我們沒有超能力，所以我們需要行動。**也許在將來的某一天，人類真的可以進化到擁有某種超自然創造力的階段。可是現在，我們不得不承認，我們沒有這種能力，想要不耗費體力，只憑藉思想就隨意地支配無形的宇宙原始能量，不經歷自然進化的過程，直接創造出我們需要的事物，這根本就不可能。

所以，我們不僅要讓自己的思考方式與宇宙原始能量的運行規律相互符合，還要用「特定的方式」去行動。只有把這些已經爛記於心的理論和方法與實踐結合起來，才可以實現我們的財富夢想。

設想一下，只憑藉思想的力量，就可以讓埋在深山中的金礦向我們走來，它會自己完成自己的開採和冶煉，再把自己鑄造成雙面鷹金幣，然後經過長途跋涉，高興地跑進我們的口袋。

這顯然是做白日夢，根本就不可能。

正是因為有宇宙原始能量高高在上掌控一切，世間萬物才可以有條理地運轉，我們才有可能得到自己夢想的黃金——首先，是金礦開採和黃金買賣這些行業的存在，才使得黃金來到我們身邊成為可能。我們也必須立刻開始行動參與進來，先把自己應該做的事情做好，為迎接黃金的到來做好充分準備。這樣一來，那些埋在深山中的金礦才會最終變成我們手中的金幣。

這是一個漫長而曲折的過程，期間所有參與進來的人和物，都在為了我們按照某種既定的法則直接或間接地運轉。世間萬物，無論是不是有生命，都間接地受到我們思想的影響，為我們製造和生產所有我們需要的事物。

想要達成自己的目標，不僅要利用思想的力量，還要以「特定的方式」去行動。我們不能依靠施捨，也不能利用偷盜來得到自己需要的東西。不僅不能這樣，還應該在得到東西之後，投桃報李地用數倍於己的價值回報給別人。

所以現在，我們可以得出一個結論：想要實現致富的願望，以下兩個要素是我們必須要遵循的：

按照「特定的方式」進行思考

首先，我們要啟動意志的力量在自己的頭腦中勾畫出一幅可以包含自己所有願望的清晰藍圖。此外，還要發揮我們的自控力激勵自己堅守致富的信念永遠不放棄。最後，我們要隨時不忘抱有一顆感恩之心。

我們要按照「特定的方式」進行思考，原因還在於：想要用神秘而抽象的方式表達自己的思想，並且想要使其為己所用，這種想法有害無益，因為這不只是徒勞的，甚至還有可能對自己的思想能量造成損害，妨礙自己的行動。

按照「特定的方式」展開行動

只有我們按照「特定的方式」進行思考的時候，宇宙原始能量才可以有效地接收到我們傳遞出去的願望圖像，才可以快速地啟動宇宙之間所有的創造力量為我們工作。只有這樣，我們才可以和宇宙能量達成一致，使這些創造力量按照它們特有的行為方式進行規律性的運轉，為我們實現願望圖像。

在這個過程中，我們沒有監督或是控制宇宙原始能量，而是透過堅守致富目標、保持清晰的致富願望、堅定的致富信念、隨時不忘感恩這些方式，對它產生影響。

想要獲得財富，只做到從思想上影響宇宙原始能量並不夠，還要按照「特定的方式」去行動，在行動上與宇宙原始能量的運行保持一致。唯有如此，才可以達成目標。即使達成目標，我們也要謹記：對自己手中的財富善加運用，使它們充分發揮作用。

在我們的身邊經常會出現這樣的事情：我們終於接近那些自己夢寐以求的東西，才發現它仍然是別人的。只有付出同等價值的東西，我們才可以得到它，「給出屬於他的，獲得屬於你的」。

思想與行動和諧統一

我們很瞭解，沒有人可以幸運地擁有一個隨時都裝著滿滿的黃金錢袋，而且不必付出任何勞動。思想和行動必須有系統地結合在一起，這在致富學問之中是至關重要的。

可能我們也曾經看過一種情況：有些人的致富願望強烈而持久，也曾經在經意或不經意之間運用創造力去創造財富，可是他們至今也無法擺脫貧窮，這是為什麼？原因很簡單，就是因為他們在行動之前做的準備不夠充分，不懂得應該怎樣獲得那些已經來到自己身邊而原本應該屬於自己的財富。

我們可以透過思想的力量創造出自己想要得到的東西，並且把它們帶到自己的身邊。

我們可以透過行動的實踐，得到那些已經來到自己身邊而原本應該屬於自己的財富。

無論我們要做什麼，行動必須從現在開始。

不要再沉浸於回憶中無法自拔，這是徒勞無功的。**我們不可能回到過去，也無法改變已經成為過去的事情，乾脆就忘記它吧！**這樣做會使我們心中的致富藍圖變得更清晰具體，讓我們的財富欲望變得更強烈。

未來的事情距離今天還有一段距離，還沒有出現，所以我們無法去未來展開行動。手裡做著今天的事情，頭腦裡卻想著明天沒有發生的事情，這樣三心二意只會使自己現在做事的效率降低。不要浪費今天的時間去為明天制定應急措施。我們要相信，自己絕對有能力應對明天來臨的突發事件。

讓我們把所有的思想和精力放在今天的工作上吧！

不要以我們現在還沒有進入適合的行業，或是還沒有找到適合的工作環境為藉口而不願意去行動；更不要以為只要將想要致富的願望傳遞給宇宙原始能量就功德圓滿可以坐等財富的降臨。如果真的這樣做，只會讓自己與財富擦肩而過。

立刻付諸行動吧！不是行動於過去，也不是行動於未來，而是行動於現在，此時此刻。過去已經不屬於我們，未來還沒有到來，所以我們只能行動於此時此刻，讓我們從現在開始行動，為迎接屬於我們的財富做好準備！

不管行動的具體內容是什麼，最有可能的還是要我們針對自己所處的人際關係和正在處理的具體事務履行現有的職責。我們不可能去處理不在自己職責範圍內的事務，過去曾經屬於我們職責範圍內的事務如今也不歸我們處理，未來也許是我們職責範圍內的事務更是遙不可及。所以，我們現在要做的就是：踏實地在自己的崗位上努力工作，完成今天應該完成的任務。

把今天的事情做好，不要再回憶昨天的工作表現是否足夠出色。

明天的事情明天再去做，到時候自然會有充足的時間讓我們去做。

沒有任何神秘力量可以幫助我們完成那些在自己能力範圍之外的事情。

要用實際行動去改變環境，不要等到環境改變之後再行動。

我們要隨時堅定自己的致富夢想，不要異想天開只顧著做白日夢，要珍惜現在的美好時光，朝著自己的目標奮勇前進，立刻行動，現在就開始。

只要你做得對，就可以在現在所處的環境中為自己創造更好的環境。為此，你要足夠自信，相信自己一定會有在更好環境中工作的機會，同時還要竭盡全力地做好目前的工作。

不要總是想要嘗試那些新奇的事情，想要獨樹一幟而一舉成名，這不是你在致富之路上應該邁出的第一步。

也可能在一段時間內，我們做的還是那些過去一直在做的事情。即使是同樣一件事情，所用的方式也不再相同：**我們要用「特定的方式」而不是過去的方式做事，這才是致富之路應該邁出的第一步。**

也許我們現在做的工作不合自己的心意，但是不要為此而心灰意冷和消極等待，也不要只是抱怨自己被放錯位置，想要找到適合的工作以後再努力。難道這個世界上真的有人會因為工作不如意就無法進入適合自己的行業，因為被放錯位置就無法找到適合自己的位置嗎？這顯然很荒謬。

我們要在心中一直存有進入理想行業的願望，並且相信自己正在透過努力不斷縮短和這個目標之間的距離，相信自己最終一定可以將這個願望變成現實。想要實現這個願望更重要的一點是：我們要從現在的工作做起，立刻開始行動。

想要獲得更好的工作機會，就要充分利用現有的工作機會；想要獲得更好的工作環境，就要充分利用現有的工作環境。

只要我們可以堅定信念，相信自己一定可以找到適合自己的工作，我們所渴望的工作就會來到我們身邊。此外，如果我們可以按照「特定的方式」行事，就可以逐漸縮短自己與目標之間的距離。

如果你是一個受薪階層的普通員工，認為只有跳槽才可以獲得自己希望得到的財富，切記不要認為只要把願望傳遞給宇宙原始能量以後就可以坐等新工作從天而降，如果這樣，你是不可能成功的。

我們要將想要得到更好工作的願望牢記心中，並且為實現這個願望而全心投入到現在的工作中。我相信，如此一來，我們一定可以找到理想的工作，最終完成自己的財富夢想。

我們堅定的信念和美好的願望會啟動宇宙中的創造性力量，把我們需要的東西帶到自己身邊；我們的行動會啟動環境中的有利因素，把我們帶到自己想要去的地方，那裡就是我們的夢想變成現實的地方。

在本章結束之前，我們還要再次強調本書的致富理念和方法：

宇宙原始能量的規律運行孕育出世間萬物。宇宙空間的每個角落裡，都有宇宙原始能量的存在。

因為所依照的規律不同，宇宙原始能量的運行創造出不同的運動過程或是不同的物體。

人類可以透過自己的思維構想物體，並且把自己的思想傳遞給無形的宇宙原始能量，透過宇宙原始能量的運行創造出自己所構想的物體。

為了可以創造出自己想要擁有的一切，所有人都要透過「創造」而不是「競爭」致富。先在我們的頭腦中構想出財富願望的藍圖，然後將其深深地銘刻在心中，堅信我們的願望將會成真。這種堅定的致富信念，會為我們阻擋一切可能削弱我們的意志和渴望使我們發生動搖的事物與思想，使我們不被它們所困擾。

我們將會得到自己所需要的一切東西。為了順利地實現這個願望，我們必須立刻開始行動，以「特定的方式」從我們身處的環境中開始做起。

—第十二章—

專注於效率，就可以超越自我

- 成功的超越者把效率放在第一。
- 做事應該重質不重量。
- 高效率的行動，創造成功的人生。

做細節的精神，做大事的速度

我們一定要堅持將前幾章中闡述的致富觀點和理念當成自己思想的指南。在它的引導下確定我們的方向，立刻開始竭盡全力地去做那些我們現在應該做的事情。

自我超越使我們不斷地成長和進步，超越自我就是要求我們將手中正在做的事情做得更完美，最大限度地發揮自己的能力。

正是因為有自我超越者的推動，世界才可以不斷地前進。

如果沒有人願意盡職盡責地工作，整個社會將會陷入倒退。這些無法恪盡職守的人，只會變成社會和政府還有工商業發展的累贅。為了承擔這個重負，其他人要付出巨大的代價，全世界也因此而不得已放緩前進的步伐。這些無法盡責盡力的人只屬於過去，屬於困窘，他們墮落又不求上進。如果每個人都是這樣，社會又怎麼可能向前發展？

個體的發展與進步推動人類社會的發展，物種的進化使得自然界得以演變。如果某個物種與同類相比生命力更強大，經過不斷發展和自我超越，就可以達到一個更高的程度，一個新物種就由此產生了。

顯然，如果生物無法超越自我，就不可能產生新的物種。這個生物進化法則同樣適用於人類社會，換句話說，如果人類無法超越自我，就不可能成就任何事業，也無法實現自己的致富目標。

我們生命中的每一天，要麼是成功的，要麼是失敗的。判斷的標準主要是看我們在這一天中是否得到自己想要的東西，實現今天的目標。如果是，就表示成功，反之，則表示失敗。要是每天都是成功的，我們就可以變得富有；要是每天都是失敗的，我們只能繼續在貧窮線上掙扎。

不要小看這些似乎微不足道的失敗，往往就是這些看似無關痛癢的小事卻會引起讓人無法想像的連鎖反應。

即使是一件很小的事情，也可能會導致一個我們無法想像也無法控制的後果。所以即使是小事也不能忽視，因為很可能會嚴重影響我們的「大事」。繁雜的世事和複雜的人際關係，讓我們如同霧裡看花一般，無法瞭解它們之間的淵源。所以，如果不把這些小事放在眼裡，或是沒有妥善地處理它們，恐怕我們的致富之路就會變得更漫長。

沒錯，我們要過好每一天，要為此而竭盡全力。

但是，要重視小事不是表示要無論大小，事必躬親。不管做什麼，都要把握「度」，要分清輕重。切記，不能盲目做事也不能過度疲勞；不要貪多求快；不要把明天的事情拿到今天來做，更不要試圖在一天之內完成一個星期的工作量。

其實，真正重要的是做事的效率和品質，而不是看你做了多少事情。

每次行動的結局只有兩種——成功或是失敗。

每次行動的表現只有兩種——高效率或是低效率。

所有低效率的行動，都會以失敗收場。如果我們花費所有時間做的都是這些低效率的事情，我們的人生就是失敗的。如果你做事的效率始終很低，做得越多，錯得也會越多。

高效率的行動正好與之相反，因為它本身就是一種成功。**所以，假如我們可以保證一生中所有的行動都是高效率的，我們的人生也會是成功的。**

低效率的工作做得太多，高效率的工作做得太少，往往就是造成失敗的主要原因。所以不言而喻，如果我們可以始終堅持高效率地工作，經年累月之後，我們將會變得富有。如果我們從現在開始就堅持高效率地做好每件事情，我們就會發現，原來和數學一樣，致富也是一門精確的科學。

如此說來，問題的關鍵就在於：我們能否成功完成每件看似獨立的事情？

不必懷疑，答案當然是：可以。

用專注的力量做好一件事情

世界上所有的力量都在為我們服務，這些力量是必勝的，所以我們做的每件事情都會成功。只要我們用信念和行動調動所有的力量，讓它們聽從我們的指令，發揮它們最大的功效，就可以高效率地完成每件事情。

每次的行動不是強勢的就是弱勢的。我們以「特定的方式」行動的時候，每次的行動就會表現出強勢和高效率，只有這樣我們才可以實現富裕。

在每次行動中，將自己的願望牢記於心，並且堅信它一定會實現。這樣一來，我們的行動才會是強大而高效率的。我們可以將強烈的願望和堅定的信念稱為「內在動力」，只有動力足夠，爆發出來的內在力量才會強大，我們的工作效率才會提升，才可以使我們的行動表現出強大的效果，才可以順利地完成任務。

那些將思想和行動分開的人，正是在這一點上遭遇失敗。此時此地，他們正在做著某件事情，可是心裡想的卻是發生在另一個時間和地點的另一件事情。在大多數情況下，他們的行動都是低效率的，也就是失敗的。所以，只要我們對每次行動都傾注自己的全部力量，不管這個行動是否重要，都代表一種成功。按照自然法則推算，每次微小的成功都會成就更多的成功。所以，再朝著自己的目標前進奮鬥的時候，就會發現自己越走越快。

我們一定要牢記：正是有每次的成功，才可以累積出最終的成功。世間萬物的天性就是渴望更豐富多彩的生活，隨著人們在通往成功的道路上不斷前行，人們的視野得到開闊，接觸到的事物也在不斷增加，人們的願望對周圍的影響力也隨之不斷增加。

在自己的能力範圍內，竭盡全力而且高效率地完成當天應該完成的事情。

我曾經在前文中提到，無論一件事情是否重要，我們在完成它的時候都不能忘記自己的願景和目標。當然，這不表示我們要隨時想著那些願望的細枝末節。

你可以利用自己的閒置時間去想像自己願景的所有細節，將其銘刻於內心深處。記住，如果你想要盡快地富有，就不要在工作的時候思考財富願景的事情，這件事情只要閒暇的時候做就可以。

一幅非常美好的願望藍圖，透過我們反覆的思考被逐漸勾勒出來。它是那麼的清晰具體，甚至最細小的願望也包含在內。我們應該牢牢地記住它，這樣一來，就可以保證我們在工作的時候，只要想到它就會信心倍增，就可以更努力地工作。即使是工作之餘，也不妨靜下心來認真構思這幅藍圖，直至它佔據自己的思想，讓自己可以很輕鬆地想起它。

這樣一來，你就會對自己的美好未來充滿希望，甚至只要想起它，就會感覺有用不完的力量。

在結束對本章理念的敘述之後，我們再來做一個總結：

宇宙原始能量的規律運行孕育出世間萬物。宇宙空間的每個角落裡，都有宇宙原始能量的存在。

因為所依照的規律不同，宇宙原始能量的運行創造出不同的運動過程或是不同的物體。

人類可以透過自己的思維構想物體，並且把自己的思想傳遞給無形的宇宙原始能量，透過宇宙原始能量的運行創造出自己所構想的物體。

為了可以創造出自己想要擁有的一切，所有人都要透過「創造」而不是「競爭」致富。先在我們的頭腦中構想出財富願望的藍圖，然後將其深深地銘刻在心中，堅信我們的願望將會成真。這種堅定的致富信念，會為我們阻擋一切可能削弱我們的意志和渴望使我們發生動搖的事物與思想，使我們不被它們所困擾。

我們將會得到自己所需要的一切東西。為了順利地實現這個願望，我們必須立刻開始行動，以「特定的方式」從我們身處的環境中開始做起。

一第十三章一

興趣和愛好是人生最重要的財富

- 我們有權利做自己想要做的事情。
- 用興趣致富，可以讓人們的精神得到滿足和愉悅。
- 愛好是實現致富的加油站！

不管一個人從事什麼行業，從某種程度上說，他的成功與否都在於自己是否具備這個行業所要求的專業特長。

想要成為一個優秀的音樂教師，卻沒有出色的音樂天賦，這樣很難辦到；想要在機械領域揮灑自如，沒有很強的操作能力，所有努力都是白費；想要成為一個成功的商人，沒有機智老練的經商頭腦，更是難上加難。

但是，就算我們具備某種自己從事的職業所需要的特長，也不表示我們就可以實現自己的財富夢想。例如：有些音樂家具有得天獨厚的音樂天賦，但是終其一生貧困潦倒；有些木匠和鐵匠擁有高超的手藝，卻始終與貧窮為伍；有些商人善於交際，但還是沒有走上富裕的道路。

如果在人們實現財富夢想的過程中所具備的各種才能就像工具，我們說，與擁有一把好工具相比，應該如何正確使用這些工具也同樣重要。我們會看到，有些人做出一件漂亮的傢俱，所需要的工具只是一把鋒利的鋸子、一把標準的直角尺、一把好用的鉋刀；有些人即使擁有同樣的工具，卻因為不懂得合理使用它，只能做出一件品質很差的仿品。我們的才能也相當於工具，想要實現致富的願望重要的不僅是要擁有這些工具，在工作中合理地利用它們，使它們充分發揮自己的作用也是同樣重要的。

一般來說，如果你擁有所從事的行業需要的卓越才能，工作的時候就可以比別人更輕鬆，也更容易獲得成功。在一般情況下，你做的行業越是可以發揮自己的特長，越是可以做得更好更優秀，因為你天生就適合做這個行業。當然，這種說法還有一定的局限性。我們不能就此認為，因為自身資質有限，所以我們不能有更多的選擇，只能從事一些有限的行業。

無論從事哪個行業，我們都有致富的可能。就算我們沒有天賦來做這個行業，但是仍然可以發展和培養相應的才能。也就是說，我們不能只依靠那些天生就有的現成「工具」，而是要在成長過程中，不斷製造屬於自己的「工具」。沒錯，如果我們在某個方面有出眾的特長，在一些需要這些特長的行業中，我們就會更容易成功。但是實際上，不只是這些可以發揮我們特長的行業，應該說在所有行業中，我們都有可能成功，因為我們可以在自己天生擁有的素質和潛能的幫助下，透過學習獲得任何工作所需要的基本能力。

在自己喜歡並且擅長的領域中辛勤工作，這是取得成功並且實現致富最容易的方法。而且這樣做帶來的不僅是財富，還可以使精神上得到滿足和愉悅。

做自己想要做的事情，是我們的基本權利，也是生命的真諦。如果我們做的事情不是自己喜歡的和想要做的，而是迫於無奈不得不做的，怎麼會有真正的幸福可言？我們相信，每個人都可以並且有能力做自己想要做的事情，因為如果你有這種願望，就表示你具備相應的才能和潛質。

內心的渴望，就是力量的展現！

如果我們想要演奏音樂，表示我們身上所具有的演奏音樂方面的技能正在尋求表現，並且希望得到進一步的發展；如果我們強烈渴望研究發明機械設備，表示我們身上所具有的機械方面的技能正在尋求表現，並且希望得到進一步的發展。如果我們強烈渴望去做某件事情，這種願望本身就說明，我們在這個方面擁有很強的潛能。我們要做的，就是妥善運用它，讓它得到進一步的發展。

如果所有條件相差無幾，此時我們應該盡可能地選擇一個可以充分發揮自己特長的行業。但是，如果我們特別想要做某個行業，就應該聽從內心的聲音，將這個行業當成自己最終的目標而為之奮鬥。

我們生來就有權利去做自己喜歡的、與自己性格相符的、可以讓自己開心的工作。

誰都不能強迫我們做自己不願意做的工作，而且我們也不應該做這樣的工作，如果可以透過它找到自己喜愛的工作，那就另當別論。

也許因為受到從前一些失誤的影響，我們現在從事的行業和工作環境都不合自己的心意，所以在這段時間裡，我們只能不得已地去做那些自己不願意做的事情。但是，如果你可以想到，現在的這份工作中蘊含機會，可能會幫助你找到自己真正喜愛的工作，做這份工作的時候就會覺得很開心。

就算你覺得現在的這份工作不適合自己，也不要急著立刻換工作。**因為只有透過自**

身的發展因勢利導，從現在所從事的工作中尋找更好的機會，才是最好的轉換行業或工作的方法。如果機會來臨，經過認真思考確定真的對自己有利，就不要害怕會因此產生突然而徹底的變化，要立刻抓住它。但是，如果無法確定是否真的是一次很好的機會，就不能莽撞行事。

在致富之路上，我們不能草率行事和貿然行動，因為在這個創造的世界裡，到處都有機會。

只要我們不再只想著競爭致富，就不必操之過急。沒有人可以阻止我們做自己想要做的事情，我們也不必和別人競爭。如果你看中一個職位，覺得很好，但是那個位置上已經有人，別急，一定還有更好的職位在未來等著你，我們有充足的時間去獲得它，因為每個人都有屬於自己的位置和機會。

因此，如果你開始猶豫不決，就靜下心來重新審視自己的願望，讓自己致富的信念和決心更堅定。除此之外，還要盡量培養自己的感恩之心。

花費幾天的時間去認真思考自己究竟想要得到什麼，並且對自己已經得到的東西滿懷感恩。這種做法可以保證我們行動的正確性，因為這是使我們的思想更接近「特定的方式」的做法。如果我們的感恩之心足夠真誠，萬能的宇宙原始能量就可以感知到，並且與我們堅定的信念和決心達成統一，使我們進步。

一個人行事莽撞，或是畏首畏尾，或是不記得自己的願望是什麼，就一定會犯錯。

只要以「特定的方式」行事，我們獲得的機會就會越來越多。我們要堅守自己的信念和決心，以感恩之心與宇宙原始能量的智慧一同前進。

我們要竭盡全力地做好每天的工作，而且做事的時候，切忌焦躁憂慮和畏首畏尾，也不可以操之過急。要知道，加快速度不表示要莽撞行事。

如果想要成為一個財富的創造者，就要切記，隨時保持冷靜，不能莽撞行事，否則只會成為一個財富的競爭者，只會回到可悲的過去。

不管在哪裡，只要發現自己心存疑慮正在莽撞行事，就要命令自己停下來，重新思考自己的目標，並且對已經得到的一切滿懷感恩。**我們要隨時謹記，增強信心和堅定決心最有效的方法，就是要有一顆感恩之心！**

第十四章

滿足於百萬財富的人不算是富翁

- 進取之心可以激發對財富的渴望。
- 沒有得不到的，只有想不到的。
- 強權和競爭不是積極的進取。

隨時給人們不斷進取的印象

不管你是不是有換工作的打算，現在所做的一切都應該與當前的工作密不可分。抓緊目前工作中的所有可能為自己創造機會，並且按照「特定的方式」行事，才可以為今後從事自己喜歡的工作或是進入自己喜歡的行業打下堅實的基礎。

假如你做的工作需要你與別人打交道，不管是直接接觸還是書信往來，都要盡量讓別人感覺你隨時都在進步。每個人內心深處都在渴望不斷進步，渴望自我發展，渴望自身價值得到更完美的展現，這是人類內心的無形智慧不斷作用的結果。

追求自身的發展與進步，也是推動宇宙萬物不停運動的原始動力，是自然界的本性所在。**追求自身的發展與進步，是人類一切活動的基礎**。人們希望自己的衣食住行變得更豐富，想要讓自己變得更優雅、更充滿智慧、更有情趣……總之，人們希望自己的生活變得更美好。

持續的發展是自然界中所有的生物孜孜以求的，如果停止這種追求，等待我們的只有瓦解和死亡。

這個自然規律作為一種本能，一直存在於人類的潛意識之中。為了追求更美好的生活，人類從未停止過努力奮鬥。這種「不斷進步」的自然法則在《聖經》的〈馬太福音〉中，曾經用智者的寓言被進行以下闡述：**追求更多的，才可以保住現有的，否則現有的也無法保住**。也就是我們現在所說的「馬太效應」。

渴望得到更多財富的想法是積極向上的，它是人類最美好的願望，也是人類對富足生活的最美好的嚮往，不應該受到任何非議。

這種願望是人類與生俱來的，是發自人類內心深處的本能。所以，不管是在哪裡，也不管是什麼時候，那些可以為別人實現致富願望提供幫助的人都是受人歡迎的——這是我們經常會看到的畫面。

依據前幾章內容得到的啟示，如果我們可以用「特定的方式」行事，不僅自身會不斷地向前發展，與此同時，還可以將這種發展與進步帶給我們的合作夥伴。如此一來，我們就會成為一個極富創造力的中心，將進步和發展發散到各處。

無須對這種做法的效果心存疑慮，只要堅定地把這種「不斷進步」的印象傳遞給所有和我們打交道的人，無論男女老幼，全部包含在內。不管交易是大是小，即使只是賣給孩子一根棒棒糖，也要讓他意識到我們的進步和發展，讓周圍的每個人感受到我們無比堅定的信心。

不管做什麼，都要讓別人感覺到我們在不斷進步，只有這樣，才可以給那些與我們打交道的人留下我們不僅是一個積極的也是可以帶動他們向前發展的人的印象。傳遞這種「我們在不斷進步」的印象不需要區分對象，那些與我們在生意上沒有任何交集只是在社交場合結識，甚至那些我們根本不打算跟他們做生意的人也包括在內。

堅定信心，相信自己正在不斷地向前發展，正在獲得越來越多的財富，讓自己在每次的行動中都擁有這種信念，周圍的人才可以感受到我們散發出去的「不斷進步」的力量。

無論在任何情況下，我們都要堅信自己正在不斷進步，而且正在幫助別人進步。讓我們隨時保持這種心態，相信自己正在步入富裕，相信自己的致富行動可以帶動周圍的人，讓他們和我們一同富裕一同發展。

但是我們要記住，「好漢不提當年勇」，不要總是懷念和炫耀自己多麼功勳卓著，因為真正的成功是無須吹噓的。

無論何時何地，我們都會發現，那些喜歡炫耀的人的內心其實是充滿懷疑和怯懦的。對我們來說，卻不需要這樣做，只要我們對成功和致富滿懷信心，在每次的交易中讓這種信心發揮作用，從我們的肢體語言中散發「我們正在走向富裕」的資訊，我們面對別人的時候，根本無須言語，別人也會感受到我們正在進步，並且願意走近我們。

我們要使別人感覺到我們是這種人：每次與我們進行交易，我們都會給他們帶來絕對大於他們付出的現金價值的使用價值，所以如果與我們交往，我們就會帶給他們更多的財富。

不斷進取的人，才可以成為卓越的人

在與別人進行交易的時候，要讓所有人感受到我們內心的自豪，這樣一來，才會有越來越多的人願意與我們合作。**每個人都知道，人類最原始的本能就是渴望生活富足，所以人們會自發地聚集到那些可以為自己帶來更多財富的地方。**希望每個人都可以生活富足也是偉大的宇宙原始能量的願望，所以如果它發現你可以幫助別人致富，就會讓越來越多的人走近你，甚至那些你根本不認識的人也包括在內。因為客戶越來越多，我們的事業也隨之得到發展壯大，我們得到在意料之外的各種利益，有利因素越來越多，財富也在不斷增加。更重要的是，我們還可以從事自己想要做的並且與自己個性更相符的職業。

我們要牢記，無論做什麼事情，都要堅定自己的願望和目標，保持自己實現目標的信念和決心。

為了不被那些危險的行為動機和思想所誘惑，現在讓我們給大家一些忠告和警示：

我們要隨時警惕不讓自己陷入危險的誘惑中，嚴防追逐強權並且企圖控制別人的行為發生。

對權力充滿強烈欲望的人，經常是心理扭曲的。只有用強權壓得別人抬不起頭的時候，他們才會有無上的快感，這些醜惡的欲望正是這個世界上會有悲劇存在的根源。

自古以來，君主們為了擴大領土總是在頻繁發動戰爭，即使血流成河也在所不惜。他們之所以要發動戰爭，只是為了滿足自己日益膨脹的權力欲望而不是為了讓自己的百姓過得更好。

即使是處於文明時代的今天，我們也仍然可以看到，一些人在各行各業裡為了這種動機而「奮鬥」。不同的利益集團操控金融資本，用無數人的寶貴心血甚至生命作為代價，重複這種毫無理智又瘋狂至極的爭鬥。這些商業界的「君主」已經完全被權力欲望控制，與從前的那些暴君毫無二致。

強權的誘惑可謂形式多樣：想要高高在上和統治別人，想要透過展示自己的慷慨來吸引別人的目光……這些都是它的表現，我們要隨時提醒自己，不要讓自己陷入這些誘惑中。

如果競爭心態過度膨脹就會導致追逐強權的惡果，它與創造心態完全背道而馳。**事實上，壓迫別人無法讓我們成為自己命運的主人，也無法幫助我們控制周圍的環境。**不僅如此，假如過於沉迷於爭權奪勢，命運與環境就會死死地控制我們，想要致富也只能依靠運氣。

一定要遠離競爭心態，**「我追求的，也要讓別人共同擁有」**，這句出自托雷多（Toledo）宣揚的「黃金法則」中的名言，就是「創造致富」的本質所在。

—第十五章—

追求卓越，就可以收穫成功

- 卓越的人可以帶動別人一起進步。
- 卓越更容易聚集財富。
- 進取者是萬物幸福的根源。

不要安於完成本職工作

不管你是受薪階層或是專業人士還是商人，每個人只要夢想過著富裕的生活，就應該樹立成為「卓越的人」的目標。

無論你是教師還是醫生，只要有成為一個卓越的人的志向，只要可以帶動別人一起進步，就可以將他們吸引到自己身邊，自己也會因此獲得更多的致富機會，進而實現財富夢想。

如果一個醫生想要在自己的行業中做得出色和卓越，就要堅定自己的信念，透過持之以恆的不懈奮鬥，竭盡全力地實現自己的理想。只有這樣，才可以掌握生命的奧秘，造福於患者，將許多希望獲得健康的人吸引到自己的身邊，使自己的事業得到更好的發展。

醫生這個行業比其他行業有更多的機會去實踐本書的理念。如果想要做一個出色的醫生，是否畢業於高等學府並不重要，因為學校裡所教的技術與理論相差無幾，只要願意學習，誰都可以掌握。作為一個醫生，如果積極要求上進，心靈深處就會印刻想要成為一個成功醫生的圖像，經過堅定的信念和決心以及擁有感恩之心等原則的指引，竭盡全力使所有可以被治癒的病人恢復健康。

人們的精神領域也需要啟蒙者，需要那些卓越的人告訴自己生命的真諦。這些精神上的導師不僅知道如何致富，也知道應該如何保持健康、培養情操、獲得別人的愛戴。許多人慕名而來聚集在他們身邊，聆聽他們向人們講授怎樣可以生活得更幸福的理念，人們專心傾聽這些可以滿足人類共同需求的福音，並且發自真心地支持和擁護這些導師。

現在，人們需要這些精神導師不只是單純講授理念，更可以用自身的奮鬥經歷向人們示範，幸福生活是怎樣得來的。這些被人們擁戴的精神導師身體強健、品德高尚、生活富足，這本身就是一種不言自明的教育。無論在哪裡，這樣的導師都會有許多忠實的追隨者。

教師發揮的作用也是一樣的，優秀的教師可以讓孩子對美好生活充滿渴望，這樣的教師永遠都會受到學生的愛戴。只有那些對生活充滿信心和激情的教師，才可以把這種感情傳遞給自己的學生，才可以感染和鼓舞他們。

實際上，這個法則不僅適用於文中所提到的教師、醫生、精神導師，也適用於所有人。當然，也包括律師和商人，或是地產經紀人和保險代理人……

與我們在前文中提到的有關致富的理念和法則一樣，這個法則也是一個正確而可以使我們立於不敗之地的法則。不管你是誰，只要可以堅持嚴格遵守這個法則就可以獲得財富。我再強調一次，指導我們「追求富足生活」的這些法則是一門精確的科學，它們既實用又有效，而且就像萬有引力定律一樣，不容置疑。

只要遵循這個法則，就算是受薪階層也可以從中看到希望和找到機會，不會再因為收入微薄而心情沮喪，喪失致富的信心。把消極的情緒拋到九霄雲外，把致富的目標清晰地印刻在頭腦中，然後懷抱信念和追求，立刻行動！每天都要兢兢業業，每件事情都要力求完美，所做的一切都滲透致富的決心和成功的信心。

這樣做不是為了巴結老闆，也不是想要透過在主管面前展示良好表現以求得升職機會。實際上，你的老闆很可能不會這麼做。

對於老闆來說，任憑你如何恪盡職守和工作出色並且以此為榮，也只是一個有價值的好員工而已。給員工升職不一定與老闆的利益相符，那些薪水怎麼可以表現和衡量我們的卓越？

只是出色地完成本職工作，無法達到一個卓越的人對自己的要求。因為除此之外，他必須明確自己的目標是什麼，並且對實現這個目標意志堅定，信心十足。

追求卓越的人，可以獲得更多機會

盡量多做一些額外的工作，試著讓自己變得更出色，這樣做的目的是為了尋求自身的進步而不是為了討老闆的歡心。不管是工作還是閒暇的時候，始終不忘致富的信念和決心，我們的主管、同事、朋友，每個跟我們打交道的人就可以感覺到我們身上散發出來的意志的力量，他們會覺得我們一直在積極進取，並且可以為自己和別人帶來更多物質和精神財富。這樣一來，我們就可以將更多人吸引到自己身邊，無數的機會也會出現在自己眼前。如果我們對現在的工作不是很滿意，認為它距離自己的願望還有一定距離，絕對要相信在不久之後，自己就可以找到一份更好的工作。

如果你是一個不斷進取的人，只要可以按照這些致富的法則行事，偉大的宇宙原始能量就會與你一路同行，並且把你需要的機會源源不斷地帶到你身邊。「天道酬勤」，只要我們用「特定的方式」進行思考和行動，就會得到宇宙原始能量的幫助，因為對宇宙原始能量來說，最好的表達自身的方式就是幫助我們實現財富的夢想。

無論是工作的不如意，還是環境的束縛，都無法成為阻止我們獲得成功和財富的因素。如果你現在在鋼鐵托拉斯企業中工作，卻發現依靠這份工作根本不可能變得富有，反而是經營一個面積十英畝的牧場可能致富。不要著急，只要你可以用「特定的方式」行事，最終你會脫離鋼鐵托拉斯企業的控制，去從事自己想要從事的農業或是其他行業，並且逐步實現自己的財富夢想。

假如那些公司中數以千計的員工可以按照本書講述的「特定的方式」進行思考和行動，不久之後，那些老闆就會發現如果不給員工們更多富有的機會，恐怕自己的公司就要倒閉了。想要留住自己的員工，就應該讓他們看到希望，因為只要他們不是對致富一無所知，或是太過懶惰不願意付出，就不必依靠公司來獲得生存。

只要我們有堅定的信念和決心，按照「特定的方式」行事，會為所有人提供服務的宇宙原始能量就會幫助我們找到改善處境的機會，並且把它帶到我們身邊。

但是，機會和人類一樣，不可能是絕對完美的。所以，如果看到可以幫助自己改善處境的機會，而且它確實很吸引自己，就要緊緊地抓住它，勇敢地邁出第一步，只要願意邁出這一步，就會發現更多更好的機會。

生活在這個世界上的所有人，都有機會成為一個卓越的人。因為世間萬物是因為進取者的存在而存在，為進取者的幸福而運轉，這是浩瀚宇宙的根本法則。

積極進取的我們只要堅持按照「特定的方式」進行思考和行動，就可以實現財富的夢想。那些依舊生活拮据的人們，請仔細閱讀這本書，因為它會給你希望、給你信心、給你行動指南，我們將會變得富有！

一第十六章一

財富的吸引力法則

- 沒有什麼可以束縛有堅定致富目標的人。
- 集中精力，才可以所向披靡。
- 只有渴求得足夠強烈才會成功。

思想決定成敗

在現實生活中，我發現許多人沒有認識到「致富是一門精確的學問」的深刻內涵。他們始終認為財富供給的總量是有限的，只有社會和政府體制有所改變，人民的生活才可以變得更美好，才有可能獲得更多的財富。

但是事實並非如人們想像的那樣。

我們必須承認，時至今日還是有很多國家的人們仍然在貧窮線上掙扎，但是造成這種現象的本質原因不是在於政府，而是在於人們沒有學會按照「特定的方式」行事。

只要人們願意按照我說的這些做法來試著改變自己，就沒有什麼可以阻止他們致富，甚至政府和經濟體制也不例外。這是因為，不管什麼體制都會隨著時代的發展而相應地改變自身策略，無一例外。

只要人們可以用「特定的方式」行事，積極上進、信心堅定、目標明確，就可以擺脫貧窮，走向富裕。

無論什麼時候，無論在哪裡，我們都有改變自己並且按照這本書提出的建議做事的權利。無論身處何種政府的管理之下，我們都可以使自己變得富有。假如每個人都這樣做，政府也不得不改變自己的體制，為我們打開通往致富的大門。

「競爭致富」只會造成富人越富和窮人越窮的狀況，「創造致富」卻完全不同，在這種法則的指引下，走向富裕的人越多，對後來者的幫助和指導就會越大。

踐行本書提出的致富法則是人們擺脫貧窮的唯一方法，踐行法則的人數與富有的人數成正比。先富有的人對後來者產生示範作用，他們用自身的經歷告訴他們如何致富，激勵他們的鬥志，讓他們對富足生活滿懷憧憬，幫助他們信心堅定地走上富裕之路。

一定要瞭解一點，那就是：沒有任何體制可以阻止你實現自己的致富夢想，不管是政府體制和經濟體制或是競爭機制。只有從心裡對「創造致富」表示認同，才可以走出競爭的陷阱，自由地遨遊於財富王國之中。

我們要隨時秉承「創造致富」的原則，不能發生偏頗，更要警惕產生「財富的總量屈指可數，所以我們要和別人競爭才可以致富」的想法，因為這種想法會使我們重蹈覆轍。

競爭性的思維會讓宇宙原始能量距離我們越來越遠，所以只要發現自己有重新墜入舊的思維模式的跡象，就要立刻把自己拉回來，要隨時注意不讓宇宙原始能量遠離自己。

把全部的精力集中在今天的事情上

只要那些將來可能發生的事情不會影響我們目前的行動，就不要為了應付它們而浪費自己寶貴的時間和精力。**只有今天的工作才是當務之急，才是我們應該集中精力做好的。**至於將來可能發生的事情，就等到將來再去解決吧！

如果無法確定將來可能出現的困難會嚴重到要我們必須改變現有的行動方案以避開

它們的程度，就不要為它們費神。正所謂：船到橋頭自然直。只要我們堅持以「特定的方式」思考和行動，不管前方會有多大的障礙，等到你走到它面前的時候，就會發現它已經自動消失。就算它沒有消失，我們也可以跨過它，繼續踏上我們的致富之路。

沒有什麼可以打敗一個嚴格按照致富之路前進的人。**既然2加2永遠等於4，就永遠不會有遵循致富法則卻無法得到致富結果的事情發生。**

不要擔憂那些莫須有或是可能會出現的不利條件，就算將來它們真的出現，我們也有足夠的時間和精力去應付它們。

世事往往如此，困難降臨到我們身上的時候，我們就會發現，原來相伴而來的還有解決它的方法。

留給人們不斷進取的美好印象

對自己的言行舉止多加注意，不要用令人沮喪的語氣與別人談論自己和自己的工作。

信心堅定，不要在自己的言談中流露出失敗的氣息，不要總是想像那些可能會出現的失敗。

不要因為生活的困苦和生意的艱難而滿腹牢騷，因為這些情形只會發生在那些透過競爭手段謀求致富的人身上，度日艱難和前景慘澹是他們遲早將會面臨的生活。但是對我們這些透過創造致富的人來說，永遠不必擔心會有這一天出現，因為我們可以創造財富，所以別人陷入困境的時候，我們卻可以找到屬於自己的良機。

堅定的信念必不可少

我們要隨時提醒自己：在這個快速發展而不斷變化的世界裡，所有邪惡的事物只是還沒有完全發展而有待改進的東西。無論何時何地，都要給人們不斷進取的印象。只有這樣，才可以使我們信心堅定、毫不動搖。否則，就會拋棄自己的信念，喪失行動的動力，距離成功越來越遠。

永遠不要氣餒。也許我們經常無法在預計好的時間裡得到自己想要得到的東西，從表面上看，我們好像是失敗了，但是其實並非如此，只要我們可以堅定信念，成功最後還是屬於我們的。

雖然我們無法實現預期的目標，但是只要可以堅持按照「特定的方式」進行思考和行動，我們就可以得到比預期的還要更好的東西，真正的成功往往躲藏在表面的失敗後

面。

有一位讀者，他對本書中所闡述的致富理論堅信不疑，而且現在決定要開始一筆看起來很有前景的生意。他對這筆生意滿懷期待，所以在連續幾個星期的時間內，一直都在努力奮鬥。奇怪的是，只要到了關鍵時刻，他就會失敗，那個情形就像有什麼神秘的力量在拼命拖他的後腿，根本無法解釋。但是，他沒有因此而灰心喪氣，相反地，他相信自己的選擇，懷抱感恩之心繼續工作。幾個星期之後，他得到一個更好的機會，一個讓他沒有任何理由繼續堅持原來目標的好機會。經過這件事情，他發現比自己更偉大的智慧存在，也得到避免因小失大的福分。

從以上的例子我們可以看出，只要每天都可以竭盡全力地工作，信心堅定而高效率地完成每件事情，並且可以用真誠的感恩之心面對一切，那些原本表面上看起來好像是失敗的事情，就會用許多方式為我們帶來好處。

假如我們失敗了，那是因為我們的渴求程度不深和內容不多。**記住，只要你繼續堅持，就可以實現自己的最大訴求。**

要有足夠的自信，相信以我們的能力絕對可以勝任自己喜歡的工作。因為即使你不具有工作中所需要的全部才能，也可以透過按照書中的建議行事的方式將其培養出來。

儘管本書並未像講述如何致富一樣將如何開發能力當成是本書的主題，但是我們敢說，它一定和致富的學問一樣，簡單而可靠。

面臨一份新工作的時候，不要擔心自己能力不夠，更不能打退堂鼓。只要你願意繼續努力，毫不懈怠，邁上一個更高台階的時候，就會發現自己已經具備新的知識和才能。在這個方面，最好的例子就是我們熟知並且愛戴的亞伯拉罕・林肯（Abraham Lincoln）總統，他雖然出身貧寒，也沒有接受良好的教育，卻憑藉不斷進取和百折不撓的精神獲得巨大成功。所以，只要你也秉承這種精神，就不必再為自己是否有能力取得成功而擔心。

滿懷信心，堅定地走下去！

隨身攜帶這本書，只要有時間就認真研讀，直到書中所有的觀點和理念深深地烙印在自己心中為止。我們應該減少一些娛樂活動，不要讓它們干擾自己的信念，還應該遠離那些可以接觸到與本書相悖的理念的地方，以及那些論調悲觀或是觀念與本書相悖的書籍。**如果你想要看一些致富類的書籍，盡量選擇那些可以驗證本書觀點的作品**。除此之外，應該把更多的閒暇精力用在研讀這本書上，進而對自己的目標進行反覆考量，並且培養自己的感恩之心。所有我們應該掌握的致富學問都在此書中，接下來，我們要在下一章即最後一章中，對其中的重點和要點進行提煉和總結。

—第十七章—

開啟財富之門的鑰匙

- 對「這些簡單可靠的法則，就是致富的學問」堅信不疑。
- 在這些法則裡，蘊藏智慧的力量。

1. 宇宙原始能量孕育世間萬物，並且用其最原始的狀態充斥於宇宙空間中的每個角落。與人類的需求相比，宇宙能量的供給是取之不盡用之不竭的。

2. 因為所依照的規律不同，運行於宇宙空間中的宇宙原始能量創造出不同的運動過程或是不同的物體。

3. 人類的思維可以對宇宙能量產生一定的影響。只要按照「特定的方式」行事，就可以使我們的願望更清晰而具體，進而對宇宙原始能量產生更深遠的影響，使我們的致富之路走得更順暢。

4. 我們必須依靠「創造致富」而不能依靠「競爭致富」。只有這樣，宇宙原始能量才可以與我們達成和諧統一，無形的智慧才可以為我們所用。

5. 我們應該懷抱虔誠的感恩之心看待自己擁有的一切，並且將這種心態長久地保持下去。只有這樣，才可以使宇宙原始能量與我們同在，在它的幫助下實現自己的財富夢想。

6. 對於我們想要得到的、想要做的、想要成為的，我們的頭腦中要有清晰而具體的圖像。牢記這幅圖像，同時發自內心地感謝上天讓我們擁有這些願望。在工作之餘，對這幅圖像多做思考，懷抱虔誠的感恩之心憧憬它的實現。

我再次重申：牢記內心的致富願景，信心堅定，心存感恩，才是致富的關鍵所在。這是最重要的一個法則，再如何強調都不過分。因為只有這樣，我們才可以向無形的宇宙原始能量傳遞自己的意願，使其開啟萬能的創造力量。

7. 在現存的工業和社會秩序中，創造的力量透過自然增長的形式發揮重要的作用。所以，只要我們堅定信心，按照本書中所闡述的法則行事，就可以透過現有的貿易或是商業管道，實現自己的願望藍圖。

8. 如果你不付諸行動，財富永遠不會屬於你。想要獲得財富，就要積極而穩妥地迅速展開行動。現在，此刻，立刻行動！

我們要保持信念堅定。

我們每天都要兢兢業業地工作。

我們要保持高效率的做事方式。

我們要努力進取，讓自己成為一個卓越的人。

我們要在得到自己想要的東西的同時，回報給別人多於他需要的價值。

讓所有與我們打交道的人認為我們一直在不斷進取，作為回報，我們會從他們那裡得到財富，這樣會使我們的信念更堅定。

富有的生活屬於那些願意親自踐行致富法則的人。

一個人的願望越清晰具體、信心越堅定、理念越扎實、感恩之心越虔誠，他得到的財富也會越多。

立刻行動吧，富裕的生活正在一步一步地靠近你！

附錄一

吸引力法則與財富的秘密

吸引力法則

關注什麼，吸引什麼

我們都知道阿拉丁神燈的故事。阿拉丁捧起神燈，輕輕拭去燈上的灰塵，一個巨人從燈裡鑽出來。無論阿拉丁說什麼，那個巨人總是重複一句話：

「你的願望，就是我的命令！」

沒有人不想得到這盞神燈，但是不必費心向外界尋找。其實，我們可以把阿拉丁看作世界上任何一個苦苦追求夢想的人，吸引力法則就是可以幫助人們實現願望的神燈。

每個人的願望，都會對吸引力法則發出指令，並且最終變成現實。

吸引力法則和阿拉丁神燈一樣，對我們有求必應。

吸引力法則其實非常簡單，可以將其定義為「關注什麼就吸引什麼」。也就是說，內心最關注的事物最有可能出現在現實生活中，最希望擁有的東西最後都會握在自己的手裡。

這種觀點可能會遭到其他人的質疑，他們似乎也有不相信的充分證據：這個世界上，每個人都希望自己擁有財富、健康、充實的生活，但不是所有人都可以過著幸福的日子。

事實確實如此，但是無法證明吸引力法則失效。因為我們靜下心來去分析那些最終未能如願的人的想法，會發現他們沒有專注於如何擁有那些自己希望得到的美好事物，而是專注於自己現在沒有的那些事物。如果你相信自己會變得富有，就會腰纏萬貫；如果你擔心自己會變得貧困，就會是一個窮鬼。如果你堅信自己可以做成某件事情，就一定會成功；如果你因為前途渺茫而憂心忡忡，就無法實現突破。

有一位撐竿跳高的運動員，一直苦練卻無法跳過某個高度。他失望地對教練說：「我實在是跳不過去。」

教練問他：「你心裡在想什麼？」

他說：「我衝到起跳線，看到那個高度，就覺得自己跳不過去。」

教練告訴他：「你一定可以跳過去。把你的心從竿上跳過去，你的身體就會跟著過去。」

他聽從教練的忠告，撐起竿子再跳一次，果然跳過那個曾經認為自己跳不過去的高度。

「跳不過去」的念頭是這個運動員心中的瓶頸，因此無法克服困難和粉碎障礙。他得到教練的提醒，克服內心的畏懼，堅定「我可以跳過去」的想法，果然就跳過去。這是吸引力法則發揮作用的一個簡單例子。

但是，吸引力法則不是「魔法」，任何人不能只憑藉幻想來實現夢想，也不能在不停的想像中得到物質財富和個人成就。成功的實現還需要其他方法的輔助，這些方法會與吸引力法則共同幫助你獲得自己想要的事物。但是如果你不知道自己想要什麼，不知道自己想要變成什麼模樣，怎麼可以指望幸福會主動降臨？

總之，吸引力法則是自然的法則，它是科學的，而非神秘的巫術。為了早日實現自己的財富預期或是成功夢想，你應該認真學習這門學問。

欲望——獲得財富的第一步

成功學大師卡內基說：「欲望是開拓命運的力量，有強烈的欲望，就容易成功。」因為成功是努力的結果，努力大多產生於強烈的欲望。正因為這樣，強烈的創造財富欲望就成為成功創造財富最基本的條件。如果你不想再過貧窮的日子，就要有創造財富的欲望，並且讓這種欲望隨時鞭策和激勵自己，讓自己朝著這個目標堅持不懈地前進。

許多成功者都有一個共同的體會，那就是：創造財富的欲望是創造和擁有財富的泉源。

安德魯・卡內基沒有受過什麼教育，年輕的時候只能做一些鍋爐工、記帳員、電報業務辦事員等最底層的工作。雖然他勤奮並且機敏，還是沒有人相信他會取得非凡的成就。

但是，卡內基具有強烈的致富欲望。他在少年時代就立下誓言：賺錢成為富豪。當時，美國處於動盪的戰亂年代，他的夢想被人們恥笑，並且被人們稱為「可笑的野心家」。正是在這種強烈的創造財富欲望的激勵下，卡內基最終登上美國「鋼鐵大王」的寶座。

一個人如果擁有強烈的渴望致富，就會調動自己的所有能量去追求財富，使自己的所有行動、情感、個性、才能與致富的欲望相互吻合。對於無助於致富的東西，會竭盡全力地克服和消除；對於有助於致富的東西，會竭盡全力地扶植和擴大。這樣一來，經過長期的努力和調節，他就會成為一個自己所渴望的致富者，使致富的欲望變成現實。相反地，如果致富的欲望不強烈，很容易因為少許挫折而偃旗息鼓，致富的欲望也會因此淡化或是壓抑下去。

很多成功人士的經歷都可以證明，信心與欲望的力量可以將人們從社會底層提升到上層社會，使窮漢變成富翁，使失敗者重整雄風，使殘障者享有健康……欲望的力量就在於，它可以使人們在強烈的欲望衝動下，把那些不可能的事情變成可能，把「自己不行」的卑微感徹底拋開，昂首闊步地走向成功。

強烈的欲望是符合吸引力法則的，只有欲望而不付諸行動也是不行的。每個人到了知道用錢的年齡，都會希望有錢。「祈求」不會帶來財富，但是把「祈求」財富的心態變成堅定的信念，然後用計畫明確的方法與手段去獲得財富，並且以絕對不放棄的精神堅持這些計畫，就可以把欲望轉變為財富。為此，你可以按照以下步驟行事：

第一步：內心要確定自己真正企求的財富的數量目標，只說「我要很多錢」是不夠的，數目一定要明確。

第二步：思考為了達到企求的目標，自己要付出哪些代價（「不勞而獲」的事情是不存在的）。

第三步：確定一個具體的日期，自己要何時「擁有」企求的目標。

第四步：擬定一個實現欲望的明確計畫，並且無論自己是否已經有準備，要立刻開始將計畫付諸行動。

第五步：將以上內容簡明扼要地寫下來，並且寫一份督促自己的誓詞類的聲明。

第六步：每天把這份聲明大聲地讀兩遍，一遍在晚上入睡以前，一遍在早晨起床以後。在你讀這份聲明的時候，要想像自己已經擁有這筆財富。

欲望只是獲得財富的第一步，要按照以上六個步驟的指示去做，特別重要的是：要遵守和奉行第六個步驟中的指示。你也許會抱怨，在自己沒有實際達到這個目標之前，不可能看見自己的成就和財富，但這正是「強烈的欲望」可以幫助你的地方。如果你確實強烈地希望擁有財富，進而使自己的欲望變成充滿大腦的意念，就會毫無困難地使自己相信將會得到它。這樣做的目的是要使你渴望財富，並且下定決心要得到它，最後你會使自己相信絕對會擁有它。

選擇好的，不要吸引壞的

「不是付出就會有回報，關鍵在於你選擇什麼。選擇什麼，你就會得到什麼。」這是美國哈佛大學教授約翰・艾勒斯經常說的一句話，這句話可以很好地詮釋朗達・拜恩在《秘密》中提出的吸引力法則。

朗達・拜恩把吸引力法則總結為八個字：「同頻共振，同質相吸。」也就是說，同樣頻率的東西會產生共振，同樣性質的東西會互相吸引，這也是一種物理現象，更可以證明吸引力法則的科學性。共振和吸引都會使兩個事物最終在一起，所以一個人頭腦中想到的美好事物與自然界中的美好事物形成共振的時候，它們就會被吸引到一起，就表示你的想法變成現實。同樣地，如果你的頭腦裡總是想一些不良而消極的東西，這些壞念頭就會把宇宙中不好的事物吸引到你身邊。

因此，無論是在頭腦中構想未來，還是在生活中實際選擇，我們都必須謹慎對待，選擇好的和積極的，不要吸引壞的和消極的。

傑克是美國一家餐廳的經理，他總是保持非常好的心情。別人詢問他近況如何的時候，他總是有好消息告訴對方。

每次傑克換工作的時候，都會有許多服務生跟著他從這家餐廳換到另一家。員工們稱傑克是一個天生的激勵者，他總是有辦法開導員工們發現生活中最美好的方面。

有人問他：「很少有人可以一直保持積極樂觀的心情，你是怎麼做到的？」

傑克回答：「每天早上起床以後，我都會告訴自己，今天有兩種選擇，可以選擇好心情，也可以選擇壞心情，我總是選擇前者。這一天發生不好的事情，我也有兩種選擇，從中學習和吸取經驗，或是做一個受害者和抱怨鬼，我仍然選擇前者。有人跑來跟我抱怨，我仍然有兩種選擇，為他指出生命的光明面，或是陪他一起抱怨，我還是選擇前者。」

生活中的大多數事情都像傑克描述的一樣，至少有兩種選擇。面對這些選擇機會的時候，不要猶豫，直接選擇好的和光明的，拋棄壞的和陰暗的，就可以獲得愉悅的心情、融洽的人際關係、柔和而高尚的靈魂。

人生就像一條曲線，起點的出生與終點的死亡是不能選擇的，但是這兩點之間存在無數個選擇的機會。有些選擇嚴峻地出現在何去何從而前途未卜的十字路口，這是人生決定性的時刻；有些選擇只是如路邊的繁花或是飛舞的蜂蝶，似乎只是生命的點綴，無論是哪一種，都要認真對待，勇敢駕馭，直接選擇更好的東西，並且堅持它。

在這裡，「更好」的東西應該是對自己有價值和幫助的。你可以選擇那些眾口稱讚、權力地位、物質享受的東西，但是也要注意所謂的「好」必須符合宇宙之間的客觀法則。只有這樣，才可以集中精力去熱愛那些真正適合和屬於自己的善的事物，並且按照正確的理性行事。

從吸引渺小的事物開始

塵埃是肉眼可以看到的事物中很小的一種。與茫茫宇宙相比，它們太過微小，甚至可以忽略不計，但是它們卻可以創造令人瞠目結舌的奇蹟。塵埃匯聚，既可以築成千年古堡，也可以成為萬年堤壩。埃及的金字塔、中國的長城、巴比倫的空中花園，到處都有它們的痕跡。塵埃的價值，表現在其生命中的每分每秒，它們在沉默中證明：即使再渺小的事物，也有其存在的價值。

吸引力法則可以讓微小的東西逐漸茁壯長大，也可以讓微小的缺陷構成致命的破壞。任何不起眼的事物，都有可能對人們的生活產生巨大的影響。為自己的人生制定宏偉藍圖的時候，不要急於追求最後的結果，那些偉大的夢想不是在一天之內完成的。**佛洛伊德曾經說：「人生就像對弈，一步失誤，全盤皆輸，這是令人悲哀之事。而且人生還不如弈棋，不能再來一局，也不能悔棋。」**謹慎起見，我們不妨從吸引渺小的事物開始。

夢想的力量總是由無到有、由小變大、由少到多，其中需要一個渴望成功的人不斷地努力與爭取。

有一位牧師想要建造一座伊甸園一樣的水晶大教堂，朋友詢問他預算，他坦率地說：「我現在一分錢也沒有，重要的是：這座教堂要具有足夠的魅力來吸引捐款。」教堂最終的預算為七百萬美元，人們勸他放棄這個不可能實現的想法，但是他卻固執地開始擬定自己的募捐計畫。

牧師在心中構想這座教堂的模樣，甚至默默地計算出大概需要多少根柱子和多少扇窗戶，然後他拿筆在紙上寫下九種募捐計畫：

尋找一筆七百萬美元的捐款。

尋找七筆一百萬美元的捐款。

尋找十四筆五十萬美元的捐款。

尋找二十八筆二十五萬美元的捐款。

尋找七十筆十萬美元的捐款。

尋找一百筆七萬美元的捐款。

尋找一百四十筆五萬美元的捐款。

尋找兩百八十筆兩萬五千美元的捐款。

尋找七百筆一萬美元的捐款。

思考之後，他覺得可能還是最後一種方案更可行。他開始透過各種管道進行求助宣傳，希望那些富裕的人們可以捐出一萬美元來幫助自己建造教堂，或是更少的錢也可以。他每天反覆在頭腦中想像這座教堂的華美和莊嚴，並且造成一座奇特而美妙的模型。三十天以後，他終於用這個模型打動一位美國商人，得到第一筆一萬美元的捐款。

第四十天，他收到由一對老夫婦捐贈的第二筆捐款——兩千美元；第六十天，一位陌生人寄給他一張兩萬美元的支票。隨後的幾個月中，他陸續收到很多捐款，數額不等，有幾百美元，也有幾十萬美元。半年之後，一個捐款者對他說：「如果你的誠意和努力可以籌到六百萬美元，剩下的一百萬美元由我來支付。」

第二年，他以每扇五百美元的價格，請求人們認購教堂的窗戶，付款方式為每個月五十美元，十個月分期付清。六個月之內，一萬多扇窗戶全部售出。

十年以後，可以容納一萬多人的水晶大教堂竣工，成為世界建築史上的奇蹟和經典。這座水晶大教堂的所有花費，全部由牧師一人募捐籌集。

所有人都認為七百萬美元是一個無法實現的天文數字，這位牧師卻堅持自己的信仰，他把七百萬美元分解成幾個小目標，然後將這些目標逐一實現，終於建成這座水晶大教堂。吸引小事物比吸引大事物更容易，一根針很容易被磁鐵吸引過來，但是你不能奢望磁鐵可以吸起一噸重的鐵塊。

凡是那些成功人士，都會把每件小事看得很重要，這些小事實現起來比較容易，因此可以給人們信心，並且促使人們的心中產生對未來更多更高的憧憬，而且很多小事也有重大的意義，它們可能會改變自己的看法，改變自己為人處世的原則，甚至改變自己的人生軌跡。

不要停留在對過去的回顧中

總是沉溺於過去，對人們沒有任何好處。對於過去發生的事情，任何人都無能為力，又何苦因為不可挽救的遺憾而鬱鬱寡歡？

過去的事情已經過去，無論成功或失敗，無論得意或失落，已經成為昨天的記憶。**一個明智的人，始終可以沉著地掌控現在，不會徘徊在無法挽回的過去中**。過去的經驗和教訓以及成果與輝煌都可以牢記於心，但是我們終究要活在現在。

柯爾覺得非常沮喪，由於在工作中接連出現失誤，他無法完成主管交代的一項非常重要的任務。後悔與落寞的心情，像一條繩索捆綁他的心。於是，柯爾決定去拜訪自己的朋友查理斯。查理斯是一個出色的心理醫生，柯爾希望可以從他那裡得到幫助。

在查理斯的診所裡，柯爾傾訴自己的煩惱。查理斯沒有直接告訴他解決的方法，而是拿出一捲錄音帶，塞進答錄機裡。

「在這捲錄音帶裡，」查理斯說，「有三位病人的傾訴。我不會把他們的名字告訴你，但是你要注意聽他們的話，看看你是否可以挑出這三個案例的共同因素。記住，只有四個字。」

柯爾仔細地傾聽，錄音帶裡的三個聲音聽起來都不怎麼快樂。第一個是男人的聲音，他因為遭遇生意上的損失而感到煩惱；第二位女士因為長期照顧母親，以至於一直沒有結婚，她說自己在過去的十年之間錯過很多次結婚的機會；第三位女士是一位母親，她的兒子在大街上與警察發生衝突，正在接受懲罰，她因為沒有用心管教兒子而深感不安。

在這三個聲音中，柯爾聽到他們總共六次用到四個字：「如果，只要」。

「你一定會感到驚訝。」查理斯說，「我每天會聽到成千上萬用這幾個字做開頭的內疚語句。他們不停地說，直到我要他們停下來。有時候，我讓他們聽剛才你聽的錄音帶，我對他們說：『如果，只要你不再說如果和只要，或許我們就可以解決問題！』」

查理斯停了一下，繼續說：「這幾個字不僅無法改變既成的事實，還會使我們朝著錯誤的方向走——向後退而不是向前進，這樣只是在浪費時間。如果你用這幾個字成為習慣，它們就會變成你成功的障礙，成為你不再努力的藉口。」

「現在以你自己的例子來說吧！你的計畫沒有成功，為什麼？因為你犯了一些錯誤。有什麼關係！每個人都會犯錯，錯誤可以讓我們學到教訓。但是，你告訴我自己犯錯而感到遺憾和懊悔的時候，你沒有從這些錯誤中學到什麼。」

「你怎麼知道？」柯爾小聲地為自己辯解。

「因為你沒有擺脫過去，你沒有一句話提到現在。」查理斯說，「從某些方面來說，你十分誠實，你心裡還以此為樂。每個人都有一些不好的缺點，喜歡不斷討論過去的錯誤。因為無論怎麼說，在敘述過去的災難和挫折的時候，你還是主要角色，你還是整件事情的中心人……」

在查理斯的開導下，柯爾終於意識到，自己沉浸在過去錯失的陰影中，還沒有真正走出自我，無法用積極的態度去改變現在的處境。

就像查理斯所說，**沉湎於過去而否認現在和將來的人，總是喜歡用「如果」這一類沒有實際意義的語句**。但是所謂的「如果」並不存在，無法給他們帶來任何心靈的慰藉和現實的解脫，反而容易陷入「懷舊」的病態中。

罹患這種「懷舊病」的人，會喪失追尋新生活的自信。這種沉重的情緒，不僅無法改變過去，反而會影響現在。做完每天的事情，就讓這些事情過去吧！只要你已經盡力，儘管可能還會犯錯，但不要總是記掛於心。

以前的事情或許是美好的，或許是悲哀的，但是無論如何，不能把它們放在心靈的主祭台上，因為你不可能走進歷史。不要在對過去的回顧中耽擱前進的腳步，應該以積極的態度開始每天的生活。每天都對自己說：「這是一個新的開始，今天才是最美好而重要的一天。」並且在這種默念中忘記昨日的憂愁，帶著希望上路。

財富的秘密

每個人都擁有致富的潛能

每個人的身體裡都潛藏巨大的力量，只要可以發現並且加以利用這種力量，就可以成就自己嚮往的所有事物。如果可以打開心智的眼睛，看到自己內在的「寶庫」，就會發現在自己周圍有無限財富。從自己內心的金礦中，可以取得所需要的一切東西，進而使生活變得幸福而愉快。

世界上有很多平凡人，他們的身體裡也有巨大的力量，但是這些力量需要被喚醒。一塊有磁性的金屬可以吸起比自身重十二倍的東西，但是如果除去它的磁性，甚至一根羽毛也吸不起來。人類也是如此，有磁性的人從出生的時候就意識到自己的潛能，他們充滿信心，知道自己天生就是一個勝利者和成功者。另一種沒有磁性的人，充滿畏懼和懷疑，機會來臨的時候，他們會說：「我可能會失敗，我可能會失去我的錢，人們會恥笑我。」所以，他們只能停留在原地。

我們應該爭取成為有磁性的人，因為掌控我們生命走向的力量就在我們的身體裡，它也是亙古以來人們成功和致富依靠的主要力量——潛能。

勵志大師馬丁・柯爾說過一個故事：

亞歷山大圖書館被燒毀之後，只有一本書保存下來，但是這本書非常破爛，看起來不是一本很有價值的書。一個識得幾個字的窮人花費幾個銅板買下這本書，書的內容很無趣，但是窮人卻在其中發現一個令他興奮的東西——一張記載「點金石」秘密的羊皮紙。

點金石是一顆石頭，它可以將任何金屬變成純金。根據羊皮紙上的文字，窮人得知點金石就在黑海的海灘上，和成千上萬與它看起來完全相同的石頭混在一起。普通的石頭摸起來是冰涼的，但是真正的點金石摸起來很溫暖。

於是，窮人變賣自己為數不多的財產，買一些簡單的裝備，在海邊搭起帳篷，開始尋找點金石。他知道，如果撿起一顆普通石頭並且因為它摸起來冰涼就將其扔在地上，就有可能幾百次地撿起同一顆石頭。所以，他摸到冰涼石頭的時候，就會將它扔進海裡。

就這樣，他找了一天，卻沒有撿到一顆溫暖的石頭。他又找了一個星期、一個月、一年、三年，還是沒有找到點金石。

有一天上午，他撿起一顆石頭，這顆石頭是溫暖的，但是他隨手就把它扔進海裡。

其實，我們也和這個窮人一樣，有多少次我們已經觸摸到這種巨大的力量卻沒有認出它？有多少次這種巨大的力量就握在我們手中但是我們卻把它扔掉？只是因為我們習慣某種狀態，並且在這種習慣中丟掉最重要的東西。

美國學者詹姆斯根據自己的研究成果說：「普通人只發展自己蘊藏能力的十分之一。與應該取得的成就相比較，我們只是在沉睡。我們只利用自己身心資源很小的一部分，甚至可以說一直在荒廢。」人們的潛能就像故事中的點金石一樣，需要人們去發現和挖掘，如果發現它，就可以瞬間擁有財富，這種巨大的能量如果被引爆出來，將會帶給人們無窮的信心和能量。

讓思想的天平傾向富裕的一端

傑克・坎菲爾是《心靈雞湯》圖書系列的策劃者之一，他得到的第一張百萬支票上畫著一個笑臉，那是他的出版商付給他的《心靈雞湯》第一集的版稅。之所以畫這個笑臉，是因為這也是這位出版商開出的第一張百萬美元的支票。

坎菲爾以前是一個窮人，他甚至認為一直生活在貧窮中才是自己的人生。直到他的同事克萊門特・史東告訴他，他也可以成為富人。

按照史東教給他的方法，坎菲爾對自己說：「我想要在一年以內賺十萬美元。」雖然他不知道怎樣做才可以實現這個目標，但他還是按照史東所說的，每天重複這樣的話，並且讓自己相信一年以後這個目標就會成為現實。除此之外，他把一張紙鈔改成十萬美元貼在天花板上，每天早上醒來，第一眼就會看到這張紙鈔，並且想起自己的目標。

很快地，坎菲爾的思想完全被十萬美元佔據，甚至完全沒有想到自己當時年收入只有八千美元。就這樣，過了大約一個月，某天坎菲爾突然想到：「如果我可以把已經完成的第一本書賣出四十萬本，就可以得到十萬美元的收入。」但是他仍然不知道如何才可以賣出四十萬本書。

一天，他去超市的時候看到貨架旁邊的《國家詢問報》，心想：如果可以讓這份報紙的讀者知道這本書，一定會有四十萬人來購買它。

這個想法雖然很不錯，但是坎菲爾不認識任何一個與這家報社有關的人。他依然每天抬頭看天花板上的十萬紙鈔，直到六個星期以後的一次演講之後，一位女士走過來要求採訪他，他接過她的名片，發現她竟然是為《國家詢問報》寫報導的自由作家。

就這樣，坎菲爾實現賺十萬美元的夢想。在此之後，他又用同樣的方法，實現賺一百萬美元的想法。

這是《秘密》講述的一個真實故事，坎菲爾專注於賺十萬美元的夢想，並且最終實現它。這個故事令《秘密》的作者非常感興趣，他們甚至在《秘密》的網站上提供空白支票，讓人免費下載，以把自己的財富夢想寫在上面，每時每刻關注它。

如果坎菲爾只想到自己貧窮的現實，他一直都是一個窮人。如果他開始憧憬富裕的生活，並且堅信自己一定可以透過某種方式獲得財富，他就會真的成功。**這充分說明人們的思想傾向富裕的一端，就可以改變困境而獲得財富，這就是吸引力法則在財富領域發生作用的證明。**

一個人如果想要吸引金錢，就應該專注於富裕，如果每天想的都是自己的不足，都是自己沒有錢去買一樣東西，就不可能得到比當時更多的財富，已經擁有的金錢甚至也會因此流失，因為他的頭腦中都是消極的想法，會將宇宙中那些「不足」的資訊吸引過來。如果把注意力集中在金錢的充裕上，它就有可能變成現實。

「給予」會把更多金錢帶入生命

在《秘密》中，有一個很重要的財富法則，那就是：捨財得財。與別人分享金錢，全心給予是最美好的事情之一，所以世界上那些很有錢的人大多是偉大的慈善家。他們捐出龐大錢財的時候，實際上是對自己也是對宇宙說：「我有很多。」

他們抱持這種想法並且將財富給予別人，依據吸引力法則，他們會由此得到乘以數倍的財富回饋。其實，那些富人大多在獲得足夠的財富之前，就已經自覺地按照捨財得財的法則做事。

一天夜裡，已經很晚了，一對年老的夫妻走進一家旅館，他們想要一個房間。前檯服務生回答：「對不起，我們旅館已經客滿了，一間空房也沒有剩下。」看著這對老人疲憊的神情，服務生同情地說：「但是，讓我來想想辦法……」

後來，服務生將這對老人引領到一個房間，說：「也許它不是最好的，但是現在我只能做到這樣。」這個房間雖然比較小，但是又整潔又乾淨，老人很滿意，就愉快地住下來。

第二天，他們來到前檯結帳，服務生卻對他們說：「不用了，因為那個房間是我自己的，所以你們不必付錢給我——祝你們旅途愉快！」

此時，老人才知道，原來這個服務生一個晚上沒有睡覺，在前檯值通宵夜班。

他們十分感動，對服務生說：「孩子，你是我們見過最好的旅館經營人，你會得到報答的。」服務生笑了笑，然後送老人出門，轉身接著忙自己的事情，並且很快把這件事情忘記了。

不久之後，這個服務生接到一封信，打開之後，裡面竟然有一張去紐約的單程機票，並且有簡短附言，聘請他去做另一份工作。他搭乘飛機來到紐約，按照信中標示的路線來到一個地方，抬頭一看，一家金碧輝煌的飯店聳立在他的眼前。

原來，幾個月以前的那個深夜，他接待的是一個有億萬資產的富翁和他的妻子。富翁為這個服務生買下一家飯店，並且堅信他會成為一個優秀的飯店管理者。

這個服務生，就是全球赫赫有名的希爾頓飯店的首任經理。

常言道：「送人玫瑰，手留餘香。」這個年輕的服務生沒有多餘的房間，但是他寧願自己通宵不睡，也希望這對老人可以在勞累的旅途中得到很好的休息。正是這種給予的精神，使他最終得到獲得財富與地位的機會。

給予，即是愛，它比佔有和獲取更容易吸引財富，因為它傳達出來的是充足富裕的資訊。

給予的方式有很多種：有條件的，無條件的；有限的，無限的；忘我的，為我的；精神的，物質的；等價的，不等價的；先給後取的，先取後予的。精神的理解與鼓勵、物質的互相饋贈，都可以作為給予的內容。只要向外界傳遞的是積極而善的資訊，給予就會比接受帶來更多的財富和幸福，**就像莎士比亞所說：「慈悲不是出於勉強，它像甘露一樣從天降下塵世，它不僅將幸福給予受施的人，也將幸福給予給予的人。」**

內在的財富，才是永遠的財富

現代社會的大多數人追求的大多是物質上的財富，但是如果仔細思考就會發現：這些東西不一定是我們最好的選擇。

金錢雖然是得到幸福的途徑，但不是通往幸福的唯一選擇。如果一個人把金錢當作幸福的全部，看似佔有財富，實際上已經被財富控制，會窮盡一生追求金錢，永遠不會感到富裕和滿足。然而，如果他可以參透人生的真諦，有節制和原則地追求和享用金錢，不再貪戀功名利祿——人類與物質世界聯繫的紐帶——就可以真正地擺脫窮困感。

在現實生活中，還有很多可以給我們帶來幸福感的東西，例如：親善的行為、高潔的品格、覺醒的靈魂、無欲無求的人生態度，這些內心的財富比物質的充盈更容易讓人滿足。

一位成功的商人去世之後留給妻子數億美元的家產，但是這位老婦人卻過著孤獨寂寞的生活。她很少出門，終日裡表情嚴肅，家中的傭人甚至從來不敢抬頭看她。

某一天，老婦人乘坐的車經過紐約百老匯的一家鞋店，她透過車窗看到一個男孩站在櫥窗外面，那個背影似乎可以流露出某種專注。一瞬間，似乎有一種神奇的魔力攫住老婦人的心，於是她讓司機把車子停在路邊，下車走過去。

這是一個寒冷的冬日，這個十歲左右的男孩光著腳，隔著櫥窗呆呆地往裡面看，身體因為寒冷而不住地顫抖。

老婦人走近男孩，問：「小傢伙，你這麼認真地在看什麼？」

「我曾經請求上帝賜給我一雙鞋子，我想要知道這裡面有沒有。」男孩回答。

看著男孩腳上的凍瘡，老婦人心中一動。她牽起他的手，走進店內，讓店員給男孩拿來半打襪子，然後她又問店員，能否取來一盆熱水，再拿一條毛巾，店員欣然照辦。她把男孩帶到櫃檯後面，脫下手套，跪下，將男孩的腳放進熱水裡，為他洗腳，然後用毛巾擦乾。

這個時候，店員拿著襪子回來。老婦人取出其中一雙為男孩穿上，又為他買一雙鞋，再把剩下的幾雙襪子包起來交給男孩。

在鞋店門口，老婦人拍著男孩的頭，說：「親愛的孩子，你現在覺得舒服一點嗎？」

她正要轉身離去的時候，男孩在後面拉住她的手，抬頭注視她的臉。他的眼中含著淚水，用顫抖的聲音問老婦人：「你是上帝的妻子嗎？」

剎那，長久以來面無表情的老婦人突然落下眼淚。

這位老婦人只是做了一件非常簡單的事情，卻被純真的孩子稱為「上帝的妻子」，對於她來說，這是多麼令人心酸而幸福的事情啊！

如此看來，那些把自己擁有的財富只當作個人財富的念頭是多麼愚蠢。耗盡一生精力追求而來的物質財富並非只是為了個人的享受，與其在臨死之時帶著遺憾而去，不如在有生之年把這些物質財富轉化為內心珍寶。**鐫刻在棺木上的珍珠瑪瑙，不如一句讚美的墓誌銘更有意義！**每個人只是物質財富的管家，作為管家只要做到物盡其用就可以。因為如果不讓金錢發揮作用，它們就會白白從手中溜過，不留一點痕跡。所以，如果你擁有足夠的財富，可以在冬天向一個赤腳的孩子送上一雙保暖的新鞋，失去的是對自己來說微不足道的一些金錢，得到的卻是別人的感恩。

一個瞭解生命本質的人，從來不會熱衷於囤積財富。對他來說，工作的目的只是為了有所建樹而已。這樣的人知道外在的財富都是過眼浮雲，內在的財富才是永遠的財富。精神與物質兩者孰重孰輕？是追求萬貫家財還是尋求內心寧靜？只有參透人生的人，才可以給出適當的答案。

成功講座 402

The Science of Getting Rich / 失落的致富經典

海鴿文化出版圖書有限公司
Seadove Publishing Company Ltd.

作者　華萊士・沃特斯
譯者　陳一維
美術構成　騾賴耙工作室
封面設計　南洋呆有限公司
發行人　羅清維
企劃執行　張緯倫、林義傑
責任行政　陳淑貞

出版　海鴿文化出版圖書有限公司
出版登記　行政院新聞局局版北市業字第780號
發行部　台北市信義區林口街54-4號1樓
電話　02-2727-3008
傳真　02-2727-0603
E-mail　seadove.book@msa.hinet.net

總經銷　創智文化有限公司
住址　新北市土城區忠承路89號6樓
電話　02-2268-3489
傳真　02-2269-6560
網址　www.booknews.com.tw

香港總經銷　和平圖書有限公司
住址　香港柴灣嘉業街12號百樂門大廈17樓
電話　（852）2804-6687
傳真　（852）2804-6409

CVS總代理　美璟文化有限公司
電話　02-2723-9968
E-mail　net@uth.com.tw

出版日期　2024年05月01日　二版一刷
定價　280元
郵政劃撥　18989626　戶名：海鴿文化出版圖書有限公司

國家圖書館出版品預行編目（CIP）資料

失落的致富經典 ／ 華萊士・沃特斯作 ； 陳一維譯.
-- 二版. -- 臺北市 ： 海鴿文化，2024.03
面 ； 公分. -- （成功講座；402）
ISBN 978-986-392-517-0（平裝）

1. 成功法 2. 財富

177.2　　113001154

Seadove

Seadove